인격신앙훈련 4권

실천적인 신앙생활

심수명 지음

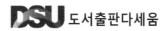 도서출판다세움

목 차

시작하며

4권을 시작하기 전에 먼저 그리스도인 됨이 무엇인지 점검해보기를 원한다. 그리스도인 됨이란 예수님과의 인격적 만남을 의미한다. 성령님을 통해 우리의 영이 새롭게 태어날 때 우리의 인격도 새롭게 된다. 거듭나면 성령님께서는 우리의 가치관을 변화시키며 생각과 정서와 행동 등, 삶의 모든 체계를 변화시킨다. 내부적인 변화는 외부적인 행동까지 변화시킨다. 그래서 그리스도를 인격적으로 만난 사람은 전 인격적으로 변화가 나타나기 때문에 주위 사람들이 그의 변화를 알아차리고 영향을 받게 된다.

예수 그리스도를 인격적으로 만나는 것은 다른 어떤 만남과 비교할 수 없는 독특한 것이다. 세상의 교육이나 철학, 도덕, 윤리도 인간의 변화에 어느 정도 영향을 주기는 하지만 인간을 전적으로 변화시킬 수는 없다. 진정한 변화는 오직 예수 그리스도를 인격적으로 만난 후부터 일어난다. 그래서 거듭남의 경험과 살아계신 말씀의 힘과 성령의 이끄심에 나를 맡길 때 나의 삶 전체에 변화가 일어난다.

그리스도를 만난 사람들의 여러 특징 중 하나는 하나님을 늘 묵상하는 것이다. 이것은 자신이 스스로 하나님이 되려는 것을 놓는 것이다. 뿐만 아니라 세상을 사모하는 것과 정욕적인 삶에서 벗어나기 위해 부단히 노력하게 된다. 그리스도를 인격적으로 만난 사람은 세상의 행복이나 인본주의적 사고를 추구하지 않는다. 그보다 더 높은 가치인 영적 세계를 알고 경험했기에 세상적인 성공, 명예, 재물과 쾌락에 마음을 두지 않게 된다.

이 세상과 영의 세계가 구분되듯이 세상적 만족과 영적 만족은 차원이 다르고 서로 다른 세계에 속한 것이다. 영적 만족은 결코 세상의 것과 비교할 수 없으며 그것과 비길 수 없다. 소유를 통해서 만족을 추구하는 사람은 그리스도를 인격적으로 만난 자들이 갖는 생명과 축복이 무엇인지 모르는 사람이다.

믿음이 있는 자는 그리스도에 관한 지식을 많이 아는 것에 그치지 않고 그리스도에게 소유 당하고 또 예수를 소유한 자이다. 그래서 그리스도와 인격적으로 만난 사람은 자기가 누구이며 하나님이 누구신지 알기에 자기에게는 어떤 의도 없으며 오직 하나님께만 절대적 의가 있음을 믿는다. 그리스도를 인격적으로 만난 사람은 성령님께서 주시는 커다란 기쁨과 은혜와 평강이 너무 커서 세상에 대한 관심, 소유, 그리고 욕구들은 사소하고 무의미해진다.

4권 실천적인 신앙생활은 바로 '아는 것에 대한 행함'을 이야기하는 것이다. 우리는 '아는 것'에 의거해서 행동한다. 이때 아는 것과 행하는 것을 결합시켜 살지 않는다면 그것은 아는 것이 아니다. 즉 '아는 것과 행함' 사이에는 직접적인 관계가 있다. 믿음을 행동으로 옮길 때 그것은 살아있는 믿음이 된다. 우리가 안다면, 우리는 행동한다. 행동하지 않는다면, 그것은 알지 못하는 것이며 실상 믿지도 않는 것이다.

진정한 믿음과 진정한 앎이 있는 사람은 삶에 실천이 따라온다. 그래서 복음 때문에 윤리가 따라오는 기독교 사회가 구현될 수 있다. 성숙한 기독교인이 없는 한 기독교 사회는 존재하기 어렵다. 하나님을 진정으로 사랑하는 성도는 자신을 사랑하며, 이웃을 내 몸처럼 사랑할 수 있다. 우리가 이웃을 내 몸처럼 사랑하게 될 때 더불어 사는 아름다운 삶이 이루어질 것이며, 이것이 바로 실천적 신앙생활이다. 하나님의 진정한 사랑을 알고 깨달은 사람은 이런 삶을 살 수 있다.

당신이 믿는 하나님을 위해 당신의 생명과 생애를 온전히 투자해보라. 하나님의 보상이 확실할 것이다. 때로 낙심할 때가 올 것이다. 그래도 주님을 바라보고 다시 소망을 품으며 세상에서 빛과 소금의 역할을 감당해보자. 사람을 의지하지 말고 오직 그리스도만 바라보자. 그리스도보다 다른 사람을 의지하는 실수를 범할 때 마다 회개하며 오직 그리스도의 십자가만을 바라보자. 믿음의 결단을 다음으로 미루지 말자. 미루는 것은 사탄의 궤계다. 그리스도를 향해 지금 결단하고 걸어가자. 주님이 축복하실 것이다.

1) 서문을 요약해보고 서문에 대한 배움과 각오가 무엇인지 나누어보자.

인도 방법 및 나눔 방법

인격신앙훈련의 최종 목표는 그리스도인들이 예수님의 모습을 철저히 본받아 살도록 하는 것이다. 이러한 목표에 도달하기 위해서는 예수님의 인격적 모습에 대해 연구하여 본받기 위해 애써야 하며, 동시에 아무런 방어나 저항 없이 자신의 죄성과 비인격적인 모습을 수용하며 나누는 과정 속에 우리 모두 죄인임을 인정하는 것이다. 그리고 이러한 연약한 모습들을 매 모임마다 고백하며 겸손히 낮아지는 삶을 연습하는 것이다. 그리고 이런 나를 사랑으로 받아주시는 주님을 생각하며 감사하며 사는 것이 인격신앙훈련이 추구하는 방향이다.

그러므로 인격신앙훈련에서는 자신의 죄와 이기성, 연약함을 고백하는 것을 가장 중요한 것으로 본다. 우리는 죄인이며 예수님만이 온전한 분이심을 인정한다. 그래서 먼저 성경공부를 인도하는 인도자가 하나님과의 깊은 인격적 경험으로 자신의 연약함을 고백하도록 한다.

그리고 멤버들도 매 과의 내용을 묵상하고 본문의 내용에 따라 제시된 문제들을 보며 성찰하는 마음으로 생각하고 정리해보는 수고를 해야 한다. 본문 내용과 성경 말씀을 묵상할 때마다 하나님의 은혜의 말씀 앞에 자신의 연약함을 찾고 고백하도록 해야 한다. 변화를 이끌어내는 만남에는 진리이신 말씀을 통해 나 자신을 성찰하는 것이 무엇보다 중요하며, 하나님의 무조건적 사랑과 존중, 대속적인 따뜻함이 경험되어야 한다.

인도자는 멤버들에게 말씀으로 교육하고, 인격적 관계능력을 가지고 진실함과 따뜻함을 전달하면서도 죄가 있어도 그것을 진솔하게 고백할 수 있도록 하는 수용적 자세, 문제가 있어도 괜찮다고 품어주는 마음이 있어야 한다. 이런 분위기가 있을 때 멤버들도 인격적 관계를 만들어가는 법을 배워갈 수 있게 된다.
이 과정에서 인도자 역시 연약한 죄인이며, 멤버도 연약한 죄인이기에 서로가
문제가 있음을 인정해야 한다. 죄와 연약함과 실수가 있다하더라도 예수님을 바
라보면서 수용해주는 분위기가 형성되어 있을 때 자신의 부족을 드러내어 그것
을 회개하고 변화시켜 나갈 수 있는 힘이 생기는 것이다.

멤버들이 자신들의 마음을 열어 삶의 두려움을 아무런 제한이나 비판 없이 표현
하게 하고, 분노, 슬픔, 후회 등을 진솔하게 나누며, 하나님의 은혜와 사랑을 경
험하도록 돕는 분위기가 가장 중요하다. 이 과정에서 하나님과 인도자, 멤버들
과의 관계 속에 예수 그리스도의 보혈의 은혜가 흐르게 된다. 또한 성령님의 도
우심으로 삼위일체 하나님의 신비로움을 조금씩 경험하는 놀라운 은혜를 누리게
된다.

이러한 훈련을 하는 것이 인격신앙훈련과정이므로 이 과정은 먼저 제자훈련성경
공부를 마친 사람이 하는 것이 좋다. 기본적으로 제자훈련을 하지 않으면 훈련
을 하는 과정에서 자신의 죄와 연약함을 개방하는 것이 힘들고, 개념도 어려워
서 좌절을 느낄 수 있다. 그러므로 인도자는 처음에 훈련생을 모집할 때 '제자
훈련 기본 과정을 마친 사람'이 신청할 수 있도록 하는 것이 바람직하다. 제자
훈련과정은 기존에 많이 나와 있으므로 그것으로 훈련을 하거나, 저자가 쓴 새
가족 성경공부용 교재인 『새로운 시작』(다세움)과 『전인성숙을 위한 제자훈련시리
즈 4권』(다세움)의 공부를 한 사람을 대상으로 훈련하는 것을 추천하고자 한다.

소그룹 인도자를 위하여

1 모임을 시작하면서 현재의 심정을 나눕니다. 모임을 하기 전에 자신의 마음을 개방하는 이유는 부정적이거나 힘든 마음을 가지고 있을 때 말씀을 올바로 깨닫고 적용할 여유가 없기 때문입니다. 따라서 처음 시작할 때 마음을 열어 감정을 나누면서 자연스럽게 훈련받을 수 있는 준비를 합니다. 이 시간은 10-20분을 넘지 않도록 합니다.

2 교재에 제시된 질문에 따라 매 순간 자신을 돌아볼 수 있도록 멤버를 이끕니다. 처음에는 자신의 이야기를 한다는 것이 귀찮고 싫을 것입니다. 그러나 서로의 삶을 진솔하게 나누는 분위기를 조성하면 자발적인 나눔이 일어나게 됩니다.

3 멤버가 진솔한 자기개방을 할 때 인도자는 경청과 공감으로 만나줍니다. 이를 위해 인도자는 하나님께 의탁하는 기도와 진솔한 자기개방, 인격적인 태도가 몸에 배어 있어야 합니다. 인도자는 자신의 생각을 주입하려 하거나 많은 말을 하지 않습니다. 멤버들이 자신의 생각과 감정을 스스로 정리할 수 있도록 기회를 제공합니다.

4 인도자는 메시지의 핵심과 방향에 대해서는 분명한 안내를 하도록 합니다. 이를 위해 교재를 최소한 3번 이상 읽고 자신에게 먼저 적용하여 성실하게 답을 작성해 보십시오. 교재의 내용을 충분히 숙지해야만 모임을 목적에 따라 이끌 수 있습니다.

5 모임의 시간을 잘 조절하십시오. 삶을 나누다 보면 자꾸 자기 이야기를 하고 싶어집니다. 그러나 한 사람이 이야기를 독점하면 모임의 역동이 깨어지고 멤버들이 지루해할 수 있으므로 자신의 이야기를 길게 하는 멤버가 있다면 인격적이면서도 부드러운 태도로 자제해줄 것을 권면합니다.

6 소그룹의 가장 확실한 인도자는 성령님이십니다. 매시간 성령님께 의탁하는 마음으로 기도하면서 모임을 인도하는 것이 가장 효과적임을 잊지 마십시오. 모임 전에, 모임이 진행되고 있는 중에라도 멤버와 자신을 위해 기도하십시오.

7 인도자는 멤버가 모임 중에 이야기한 것에 대해서는 끝까지 비밀을 유지해야 하며 멤버들에게도 비밀을 지켜달라고 당부합니다. 아무리 좋은 목적이라 하더라도 모임 중에 이야기한 것은 공개하지 않는 것이 원칙입니다. 만약 공개해야 될 경우, 사전에 멤버의 동의를 구해야 하며 공개된 이후에 심적으로 불편할 수도 있음을 알려주어야 합니다.

8 인도자가 자신의 호기심으로 궁금해 하는 태도는 지양해야 합니다. 그리고 멤버가 이야기하고 싶지 않을 때는 언제든지 말하지 않아도 될 권리가 있음을 알려주어야 합니다. 인도자의 최대 의무 가운데 하나는 멤버를 보호하는 것이며, 멤버가 인도자의 이런 마음을 통해 안전감을 느낄 때 그 모임은 신뢰 속에서 계속 성장할 수 있습니다.

9 일반적으로 모임의 인도자들은 다른 사람의 문제를 대신 짊어지거나 감정적으로 깊이 관여하고픈 유혹을 자주 느낍니다. 특히 동정심이 많고 타인의 문제에 민감한 사람은 모임 중에 객관성을 상실할 수 있습니다. 도움을 주려는 마음은 숭고한 것이지만 지나친 관여는 멤버에게 도움이 되지 않고 인도자의 탈진을 가져올 수 있습니다. 그러므로 인도자는 자신이 도와주어야 할 영역이 어디까지인지 분명한 한계를 설정하고 그 한계 내에서 도움을 주어야 지치지 않고 오랫동안 도와줄 수 있습니다.

10 모임을 인도하다 보면 어떤 문제들은 인도자가 감당하기에는 너무 벅차거나 시간이 요구되는 경우가 있습니다. 깊이 뿌리박힌 정서적인 문제나 자살 성향 또는 파괴적인 충동을 지닌 사람은 인도자가 직접 해결하려고 하기보다는 전문가(자신의 인도자나 상담자)에게 위탁함으로 적절하게 도움을 구하는 것이 지혜로운 처사임을 명심하십시오.

모임을 위한 약속

모임을 시작하기 전에 다음의 약속을 지키기로 다짐합니다.

1 모임에 적극적으로 임하고 자발적으로 참여하겠습니다.

2 리더와 멤버에 대하여 비난이나 비판의 마음을 가지지 않도록 노력하겠습니다. 만일 말이나 행동으로 실수하는 경우 용서를 구하며 돌이키겠습니다.

3 가능하면 솔직하게 이야기하고 혹 말하고 싶지 않을 때 다시 용기를 내어 보겠습니다. 그리고 왜 말을 하고 싶지 않은지 생각해보고 그 이유를 말로 표현해보겠습니다.

4 부정적인 정서가 내 마음에 가득하면 하나님의 은혜를 구하고 긍정적인 분위기와 말로 표현해보겠습니다.

5 다른 사람이 이야기할 때 그 사람을 바라보고 집중하여 듣겠습니다.

6 멤버들을 격려하고 칭찬하며 장점을 찾아서 지지해주겠습니다.

7 모임 시간 동안에 들은 이야기를 절대로 밖에서 말하지 않겠습니다. 이 시간에 나눈 모든 내용은 비밀이 보장되어야 하기 때문입니다.

8 모임에 지각하거나 결석, 자리이동 등 모임의 분위기를 방해하는 행동을 하지 않겠습니다.

9 다른 사람을 존중하며 타인이 내게 잘못했을 때 그 실수나 허물을 용납하고 용서하겠습니다.

10 모임 시간에는 핸드폰을 끄겠습니다.

1과 섬김의 삶

| 목 표 |

섬김에 대한 오해를 버리고 섬김이 얼마나 축복된 일인지 인식하여 자발적이며, 기쁜 마음으로 섬김을 실천하도록 한다.

| 주제 말씀 |

무릇 자기를 높이는 자는 낮아지고 자기를 낮추는 자는 높아지리라 (눅 14:11)

1. 섬김에 대한 오해

인간의 본능 중에는 불편하지 않으려는 본능이 있다. 마냥 나태해지고 싶을 뿐 아니라 전혀 수고하고 싶지 않을 때가 있다. 그래서 어떤 때는 아무도 만나고 싶지 않고 가만히 쉬고 싶을 때가 있다. 마음껏 게으름을 부리고 침대에 누워 잠도 자고, 마음껏 TV를 보며 뒹굴고 싶다. 그러다 지치면 그냥 엎어지거나 다시 잠을 청하게 된다.

그렇다면 그리스도인은 이런 시간을 가지면 안되는가? 그렇지 않다. 우리도 때때로 이런 시간을 가져도 괜찮다. 하지만 우리의 방향은 분명해야 한다. 그리스도인은 어디에서 무엇을 하든, 마음 깊은 곳에서 소망하는 한 가지 목마름이 있다. 그것은 그리스도를 위해 살고 싶은 마음이다. 그래서 할 수 있는 한, 마음을 다해 사람들을 사랑하고 섬기며 살고 싶고 영혼들과 함께 예수를 나누는 것이 기쁨이요, 행복이라는 고백을 하게 되는 것이다.

믿음이 약한 성도들은 "주님께 나를 온전히 드리면 하나님께서는 내가 원치도 않는데 아프리카 밀림 선교사로 떠나라고 하실지 몰라." 또는 "내 마음에 내키지도 않는데 헌신을 강요하실지도 몰라." 이러한 생각들을 가지고 있을 때가 있다. 그것은 하나님을 비인격적이고 무자비한 분으로, 남의 사정을 아랑곳하지 않는 어떤 강한 세력으로 잘못 생각하고 있기 때문이다. 하나님은 우리에게 우리 자신의 의지를 억지로 바꾸라고 강요하시는 분이 아니시다. 하나님께서는 우리를 가장 사랑하시고 우리의 사정을 가장 잘 아시는 인격적인 하나님이시다.

그러나 사탄은 우리에게 섬김은 힘들고 손해라는 생각을 심어놓으려 한다. 만약 이 과를 공부하고 있는 여러분이 섬김이라는 주제를 힘들어 하고 있다면 그것은 사탄의 속임수에 빠진 것이며 잘못된 생각과 선입견을 가지고 있는 것이다.

권투나 농구, 배구, 축구 등 운동경기 중에 땀을 뻘뻘 흘리는 선수들에게 뒤에서 지시하는 코치나 감독은 "어떻게든 이겨야 돼!", "최소한 이겨놓고 봐야 해! 그러기 위해 할 수 있는 모든 것을 다해!" 라고 소리 지른다. 이러한 철학은 스포츠에만 국한된 것이 아니라, 사회 전체에도 반영되어 있다. 어떤 대가를 지불하더라도 "이기고 최고가 되라."는 것이 이 세상이 추구하는 생활철학이다. 성경의 가르침과는 다른 정반대의 삶인데도 많은 성도들이 세상의 가치관에 따라 살고 있다.

세상의 가치관은 섬기지 말라고 우리를 부추긴다. 섬김은 구시대적인 것이지 현대적이지 않다는 가치체계가 우리를 지배한다. 현대 사회는 위대함, 성공, 높은 지위를 가지라고 요구한다. 섬기는 자세는 과거에 성직자들에게나 어울리는 경건함이라고 우리를 속인다. 놀라운 사실은 세상적 가치관에 많은 그리스도인들이 동화되어 있다는 사실이다. 이제 진정한 섬김이 우리를 얼마나 가치 있게 만드는지, 진정한 섬김이 우리를 얼마나 기쁘고 살맛나게 만드는지 배우고 그렇게 살아보려는 목표를 가져보자.

1) 서문을 요약해보고 깨달은 점이 있다면 무엇인지 적어보자.

2) 세상적 가치관은 무엇이며, 성경적 가치관은 무엇이라고 생각하는가? 당신의 삶은 어느 쪽에 있는지 점검해보자.

2. 성경에서 말하는 섬김의 의미와 축복

섬김의 모델은 단연코 우리 주님이시다. 우리 주님의 삶은 섬김의 삶이셨다. 예수님께서 이 세상에 오신 목적은 "섬김을 받으려 함이 아니라 도리어 섬기려 하고 자신의 목숨을 많은 사람의 대속물로 주기 위해 오셨다(마 20:28)." 예수님께서는 하나님이시만 우리들을 사랑하사 가장 낮은 자리로 오셔서 죽기까지 섬겨주셨다.

"그는 근본 하나님의 본체시나 하나님과 동등됨을 취할 것으로 여기지 아니하시고 오히려 자기를 비워 종의 형체를 가지사 사람들과 같이 되셨고 사람의 모양으로 나타나사 자기를 낮추시고 죽기까지 복종하셨으니 곧 십자가에 죽으심이라 (빌 2:6-8)"

예수님의 섬김은 자기를 가장 낮추신 낮아짐의 섬김이셨으며, 죽기까지 사랑하신 사랑의 섬김이셨다. 예수님은 이것을 삶으로 몸소 보여주셨다. 그리고 예수님의 사랑을 알고 예수님의 제자로 살고 싶다면 우리에게도 그런 섬김의 삶을 살라고 촉구하신다.

"너희 중에는 그렇지 않을지니 너희 중에 누구든지 크고자 하는 자는 너희를 섬기는 자가 되고 너희 중에 누구든지 으뜸이 되고자 하는 자는 모든 사람의 종이 되어야 하리라(막 10:43-44)"

하나님께서는 자신의 모든 것을 다해 섬기신 예수님께 최고의 영광된 자리로 높이셨으며, 섬기는 제자들에게도 높이시는 축복의 자리를 준비해놓으셨다.

"이러므로 하나님이 그를 지극히 높여 모든 이름 위에 뛰어난 이름을 주사 하늘에 있는 자들과 땅에 있는 자들과 땅 아래에 있는 자들로 모든 무릎을 예수의 이름에 꿇게 하시고 모든 입으로 예수 그리스도를 주라 시인하여 하나님 아버지께 영광을 돌리게 하셨느니라(빌 2:9-11)"

"무릇 자기를 높이는 자는 낮아지고 자기를 낮추는 자는 높아지리라(눅 14:11)"

주님은 그리스도를 위해 자신을 희생한 성도에게 축복의 면류관을 예비하고 있으며 분명한 상급을 약속하고 계신다(약 1:12). 또한 섬기기 힘들어하는 우리의 연약함을 아시는 주님께서는 우리의 수고에 대하여 이 세상 그 무엇과도 비교할 수 없는 상으로 보답해주시겠다고 말씀하고 있다.

그리고 예수님께서는 "너희는 사람 앞에서 스스로 옳다 하는 자들이나 너희 마음을 하나님께서 아시나니 사람 중에 높임을 받는 그것은 하나님 앞에 미움을 받는 것이니라(눅 16:15)"고 말씀하시면서 섬기지 않고 높아지고자 하는 자를 하나님이 미워하신다고 말씀하신다. 하나님은 자신을 높이려 하는 자는 미워하신다. 그러므로 낮아지는 것이 하나님께 사랑받는 것임을 알고 섬김을 실천하고자 애써보자.

1) 위 글을 요약해보고 얻은 깨달음은 무엇인가?

2) 섬김을 실천할 때 하나님이 약속하신 축복은 무엇인지 말씀을 통해 찾아보자.

⊕ 마태복음 10:42

⊕ 누가복음 6:38

3. 기독교적 의미에서의 낮아짐

섬김의 삶이 우리 그리스도인이 추구해야 하는 삶의 목표라면 야망은 죄악시해야 할까? 직장에서 승진하지 못해도 다른 직업으로 바꾸어서는 안될까? 그렇지 않다. 높아지고 낮아지는 것에 관심을 두는 것이 아니라 주님의 본을 따르는지, 따르고 있지 않은지가 우리의 관심이어야 한다. 낮아짐에 대한 개념을 더욱 잘 이해하기 위해 갈라디아서 2장 20절의 말씀을 가지고 생각해보자.

"내가 그리스도와 함께 십자가에 못 박혔나니 그런즉 이제는 내가 산 것이 아니요 오직 내 안에 그리스도께서 사신 것이라"

이 말씀에서 내가 죽었다는 것은 나의 지성, 감정, 의지 등 모든 것이 없어지고 내가 그분의 소리를 듣고 로봇같이 움직여야 한다는 뜻이 아니다. '내가 그리스도와 함께 십자가에 죽었다'는 말은 주체의 전환을 의미한다. 이전에는 나의 욕심을 이루기 위해 옛사람의 지배하에 있었던 생각과 감정과 의지가, 예수님을 믿은 후에는 주님께 나의 주권을 드리는 전환이 일어나는 것을 의미한다. 내 인생의 주체가 바뀌었기에 주님이 이끄는 대로 사는 것, 이것이 바로 성령께서 나를 지배하신다는 의미며, 자신을 주님께 온전히 드리고 나는 온전히 낮아지는 것을 의미한다. 하나님의 뜻이라면 낮은 자리를 기꺼이 받아들여야 하고, 하나님의 뜻이라면 높은 자리도 기꺼이 받아들이는 것, 이것이 낮아지는 것에 대한 성경의 메시지다.

1) 위 글을 보고 얻은 깨달음은 무엇인가?

4. 섬김의 자세

내가 예수님을 인격적으로 영접했을 때 나는 주님을 위해 무엇인가 하려고 몸부림을 쳤으며 다른 사람을 섬기기 위해 몸부림쳤다. 그러나 그때마다 좌절이 되었고 나 스스로는 주님을 위해 아무 것도 할 수 없음을 깨닫고 주저앉았던 적이 너무 많았다. 나는 연약하고 부족한 나를 책망하며 낙심하곤 하였는데, 이것은 내가 나의 힘으로 섬기려 했기 때문이었다.

그리스도인이 신앙훈련을 받는 이유는 예수님처럼 섬기려는 목적 때문이다. 그런데 이러한 목적을 달성하기 위해서는 나의 힘으로 하는 것이 아니라 성령님을 의지하며 주님이 인도하시는 것에 순종하려는 자세가 필요하다. 우리가 주님을 바라보면 주님께서는 언제나 우리에게 새 힘을 주신다.
그리고 기도하고 주님을 바라보면 세미한 음성으로 행할 바를 인도하신다. 우리가 그 음성을 듣고 최선을 다해 순종의 길을 걸어가면 놀라운 능력과 열매가 나타나는 것이다. 이처럼 그리스도인은 세미한 주의 음성을 듣는 민감함을 더욱 개발하여 하나님의 인도하심을 따라 섬기며 사는 것을 연습할 때 놀라운 축복의 열매를 거두게 된다.

1) 섬김의 자세는 어떠해야 하는지 정리해보고 얻은 깨달음은 무엇인가?

2) 다음 성경구절을 보고 자신이 이해하기 쉬운 말로 다시 정리해보자.

⊕ 베드로전서 4:9-11

⊕　서로 대접하는 일을 왜 원망과 연관시키고 있을까?

⊕　봉사를 하려면 무엇이 있어야 하는가? 또한 은사를 받은 자의 자세는 어떠해야 하는가?(10절)

⊕　청지기다운 봉사의 자세를 가지려면 두 가지 원칙을 지켜야 한다. 그것은 무엇인가?(11절)

5. 섬김의 영역

그리스도인은 교회 안에서만 섬기는 자가 아니라 세상에서도 섬기는 삶을 살아야 한다. '주님께 영광'이 될 수 있는 일이라면 무엇이든지 기쁨으로 섬기고 봉사할 준비를 가지고 있어야 한다. 그러므로 섬김의 자리는 어느 영역에 국한할 수 없는 것이다. 주님께서 자신의 모든 것을 다해 섬겨주신 것처럼 우리들도 시간과 장소에 구애받음 없이 섬기려는 마음을 가져야 한다.

성경은 많이 알고 잘 가르치는 분이 섬김과 봉사의 자리에서는 대단히 느리고 소극적일 때가 있다. 말씀의 은혜가 섬김이나 봉사로 이어지지 아니하면 남에게 무거운 짐을 지우고 자기는 손가락도 움직이지 아니하는(마 23:4) 위선자라는 주님의 책망을 들을 수 있다. 그러므로 우리들은 섬김이 필요한 곳이면 그곳이 어디든 자발적이면서도 기쁜 마음으로 섬겨야 할 것이다. 그것이 우리를 사랑하사 자신의 몸을 죽기까지 주신 예수님의 사랑에 대한 응답이다.

1) 위 글을 요약해보고 섬김의 영역에는 어떤 것들이 있는지 아는 대로 적어보자. 그리고 당신에게 적용해보자.

2) 요한삼서 전체를 먼저 읽고 아래의 질문에 답해보자.

❂ 요한삼서 1:5-8

❂ 가이오가 어떤 봉사를 하고 있었는가?

❂ 가이오의 봉사는 하나님 편에서 볼 때 어떤 의미를 가지고 있는가?(8절)

❂ 9절에는 디오드레베의 악이 드러나고 있다. 당신에게 혹 디오드레베의 정신과 자세가 숨어있지는 않은가? 그렇다면 회개하는 마음으로 나누어보자.

3) 현재 섬기고 있는 봉사는 무엇이며, 자발적이며 기쁜 마음으로 섬기고 있는지, 혹시 자신을 드러내고 싶은 마음은 없는지 점검해보고, 앞으로의 결심을 적어보자.

▪▪▪ 마치며...

1. 1과를 통해서 깨달은 것은 무엇인가?

2. 당신은 어느 부분에서 새롭게 봉사를 결심하겠는가?
   언제부터 시행할 것이며, 앞으로 어떻게 봉사하겠는지, 당신의 봉사를 점검해 줄 파트너를 지금 정하여 그의 동의를 구하고 정기적인 점검을 받으라.

금주의 과제

1. 성경읽기: 시편 1-25편

2. 성경암송: D1(마 6:33), D2(눅 9:23)

3. 독서보고: 심수명, 『성경의 가족이야기』, 1-4장 읽고 독후감 쓰기

4. 큐티(Q.T.) 실시 및 적용 나누기

2과 언어 생활

> **| 목 표 |**
> 자신의 언어생활을 점검하여 지혜롭고 덕스러운 언어생활을 익히도록 하자.
>
> **| 주제 말씀 |**
> 우리가 다 실수가 많으니 만일 말에 실수가 없는 자라면 곧 온전한 사람이라 능히 온 몸도 굴레 씌우리라(약 3:2)

1. 비판의 말이 가지는 해악

비판은 인간에게 상처를 주며 분노를 일으키고 자존감을 낮춘다. 누군가를 도와주고 싶더라도 비판의 말은 전혀 도움이 되지 않는다. 어떤 자매가 자신의 상처를 이야기하면서 "비판의 상처는 3만년의 상처로 남는다."라는 말을 했을 때 그 자매의 원한과 상처가 서늘한 냉기로 스쳐갔던 경험이 있었다.

비판으로 인한 상처는 오랫동안 가슴에 사무치게 되고 죽을 때까지 괴로움을 준다. 만일 당신이 원한을 얻고 싶다면 신랄한 비판을 즐겨 하면 된다. 비판은 인간을 방어적이 되게 하며, 자존심에 상처를 입히고, 원한을 불러일으킨다.

⠿ 조지 존스톤 이야기

기술회사의 안전담당관인 조지 존스톤의 이야기다. 그의 임무 중 하나는 종업원들이 현장에서 작업할 때 헬멧을 착용하도록 감독하는 일이었다. 존스톤은 헬멧을 착용하지 않은 종업원을 만날 때마다 권위적인 태도로 규칙에 따르라고 강요했다. 그 결과 종업원들은 존스톤에게 반발하여 일부러 헬멧을 쓰지 않았다.

존스톤은 다른 방법을 써 보기로 결심하고, 헬멧을 쓰지 않은 종업원에게, 헬멧이 불편하지는 않은지, 또는 제대로 머리에 맞는지를 물었다. 그리고 쾌활한 목소리로 헬멧은 작업 중의 부상으로부터 그들을 보호하기 위해 만들어졌다는 것을 상기시키고, 작업을 할 때는 항상 착용해야 한다고 설명했다. 그 결과 원한이나 감정적인 대립이 없이 규칙을 준수하는 종업원이 늘어났다.

⠿ 에이브라함 링컨 이야기

1865년 4월 15일, 에이브라함 링컨은 존 윌키스 부스로부터 저격당해 싸구려 하숙집에서 숨을 거둬 가고 있었다. 링컨이 죽어가고 있는 옆에서 스탠튼 육군 장관은 이렇게 말했다.

"여기에 누워 있는 사람만큼 가장 완전하게 인간의 마음을 지배했던 사람은 아마 없었을 것이다."

링컨이 이러한 칭송을 받기 까지는 많은 과정이 있었다. 링컨은 젊은 시절에 남을 비방하는 편지나 시를 써서 길거리에 뿌리기도 했는데, 그러한 편지 때문에 많은 사람에게 상처를 주었으며, 그 중 제임스 쉴즈라는 정치가는 링컨에게 결투를 신청했다. 링컨은 결투를 피하고 싶었으나 결국 결투를 할 수밖에 없었다. 다행히 마지막 순간에 입회인들이 중재에 나서서 결투를 중지시킴으로 목숨을 구하게 되었지만 그 사건은 링컨에게 귀중한 교훈이 되었다.

그 후 링컨은 "남을 판단하지 말라 그러면 너희도 판단받지 않을 것(롬 2:1)"이라는 말씀을 새기며 살았다. 1863년 게티스버그 전투 중에 남군의 리(Lee)장군은 비가 몰려오자 남쪽으로 후퇴하기 시작했고 포토맥강에 도착했을 때 강물이

범람하여 도저히 건널 수 없는 지경에 이르렀다. 링컨은 하늘이 내린 기회라고 여기고 미이드장군에게 즉각 리장군을 공격하라고 명령했다. 그런데 미이드장군은 명령대로 하지 않고 작전회의를 소집했는데 그 사이에 강물은 줄어들고 리장군은 포토맥 강을 건너서 탈출하게 되었다.

링컨은 격노하여 책상 앞에 앉아 미이드에게 전쟁을 끝낼 수도 있었는데 끝내지 못한 것에 대해 말로 할 수 없는 실망감을 느꼈다는 편지를 썼다. 그러나 링컨은 그 편지를 보내지 않았으며, 그 편지는 링컨이 죽은 뒤 그의 서류함 속에서 발견되었다. 링컨은 쓰라린 경험을 통해서 신랄한 비난과 분노는 아무런 성과도 거둘 수 없다는 것을 배웠다.

1) 위의 글을 보고 얻은 깨달음은 무엇인가?

2) 조지 존스톤이 방법을 바꾼 것에 대해 당신은 어떻게 생각하는가?

3) 링컨의 모습을 보고 어떤 생각이 드는지, 그리고 당신의 삶에 어떻게 적용하겠는가?

2. 말의 중요성

신앙생활에서 가장 실수를 많이 하는 부분은 아마도 언어생활일 것이다. 많은 사람들이 인간관계에서 실망하는 것은 대부분 말로 인해 빚어진다. 그래서 성경, 특히 잠언에서는 말에 대한 교훈이 굉장히 많다.

"구부러진 말을 네 입에서 버리며 비뚤어진 말을 네 입술에서 멀리 하라(잠 4:24)"
"말이 많으면 허물을 면하기 어려우나 그 입술을 제어하는 자는 지혜가 있느니라(잠 10:19)"
"칼로 찌름 같이 함부로 말하는 자가 있거니와 지혜로운 자의 혀는 양약과 같으니라(잠 12:18)"

성경에서는 혀를 모든 범죄의 주역으로 다루고 있으며, 우리 지체 가운데서 가장 점수를 따지 못한 것이 바로 혀라고 할 수 있다.

뉴욕 에버뉴 교도소의 한 죄수에게 교도소 담당 심리학자가 I.Q.검사를 해준 후 "당신 I.Q.가 높군요."라고 말했다. 그 짧은 한마디 말이 그 죄수에게 희망을 주어서 인생을 새롭게 살 수 있도록 도왔다. 그 전에는 '멍청하고 미친 놈'이라는 취급을 받아서 자신에 대해서 포기하며 살았다. 그런데 그 심리학자의 말 한마디에 용기와 희망을 품고 출소한 다음, 성공적인 삶을 살게 되었다.

이처럼 한마디 말이 사람의 인생을 바꿔놓을 수 있을 만큼 중요한데도 우리는 남을 살리는 말을 하려고 노력하기보다는 비판과 험담을 할 때가 많다.

야고보서 3장 2절은 "우리가 다 실수가 많으니 만일 말에 실수가 없는 자라면 곧 온전한 사람이라 능히 온 몸도 굴레 씌우리라"고 말씀하고 있다.

무심코 내뱉는 말 한마디로 누군가의 삶을 세울 수도 있고 죽일 수도 있다. 우리는 말을 통해 상처를 주는 연약한 존재임을 겸손히 인정하고 매 순간 의식적으로 자신의 언어생활을 성찰하고 노력해보자. 은혜롭게 말할 줄 모르면 주님의 손에 쓰임받기가 힘들다.

1) 위 글을 보고 어떤 느낌과 깨달음이 있는가?

2) 당신이 들은 말 중 마음에 상처로 남아있는 말은 무엇인지 적어보자. 그리고 그 말을 어떻게 바꾸어 말해주었으면 좋은지 적어보고 나누어보자.

3) 마태복음 7장 1-5절을 읽어보고 자신의 말로 다시 정리해보자.

✵ 마태복음 7:1-5

✵ 비판을 하는 자에게 숨어 있는 모순은 무엇인가(3-4절)?

4) 교회 지도자를 위해 당신이 해야 할 섬김은 그들이 말에 실수하지 않도록 기도해 주는 것이다. 당신은 교회 지도자에게 말로 상처받은 경험이 있는가? 그것을 용서하고 그 아픔에서 벗어났는지 생각해보고, 그들을 위해 어떻게 기도하면 좋을지 적어보자.

3. 부정적인 말의 위력

부정적인 말은 인격을 파괴하고 사람을 죽인다. 이런 말은 어떤 것들이 있는지 살펴보자.

첫째, 비난과 험담의 말

비난과 험담에 관한 시가 있다.

> '나는 치명적인 타격을 가할 수 있는 힘과 기술을 가지고 있다.
> 나는 죽이지 않고도 승리할 수 있다.
> 나는 가정과 교회와 국가를 파괴한다.
> 나는 수많은 사람의 인생을 파괴한다.
> 나는 바람의 날개를 타고 여행한다.
> 아무리 순결한 사람도 내게는 무력하며 아무리 깨끗한 사람도 내게는 무력하다.
> 나는 진리와 정의와 사랑을 경멸한다.
> 나는 바다의 모래보다 더 많은 노예들을 거느리고 있으며,
> 나는 결코 망각하지 않으며 나는 결코 용서하지 않는다.
> 내 이름은 비난과 험담, 즉 중상모략이다.'

비난과 험담은 이처럼 무서운 것이다. 혹시 마음속에 누군가를 비난하고 험담하고 싶은 마음이 있다면 그리스도의 십자가로 용서해야 한다.

둘째, 부정적인 분위기

사람들이 서로 대화하는 과정에서 말과 목소리, 그리고 얼굴 표정이 있는데 말은 7%가 전달되고, 목소리(말의 톤이나 강약)는 38%가 전달되며, 얼굴표정(눈짓, 몸짓)으로 나머지 55%가 전달된다고 한다. 즉 말에서 언어적 요소가 차지하

는 분량은 고작 7%밖에 안 되며 93%는 비언어적 요소라고 한다. 평상시에는 자상하고 사랑이 많은 사람 같은데, 순간적으로 화가 나면 무서운 눈으로 째려 보는 사람은 분위기로 사람을 죽이는 것이다. 혹은 한두 마디 말을 하지만 분노 의 목소리로 분위기를 무거움과 공포로 만드는 사람도 있다.

이처럼 비언어적 메시지가 다른 사람의 인격에 엄청난 영향을 주므로 화가 나거 나 부정적인 감정이 있으면 분위기를 부정적으로 하지 말고 말로 풀어야 한다. 말을 하지 않고 계속 마음속에 담아두면 독소가 되어 자신을 파괴할 뿐 아니라 다른 사람의 삶까지도 파괴시킨다.
자녀나 배우자, 그리고 이웃에게 어떤 표정과 눈 맞춤을 하고 있는가? 기분 나 쁘고 마음이 상했는데도 참고 있으면, 그 상한 감정이 사라지고 없어지는 것이 아니라 관계를 악화시키는 요인으로 작용하게 된다. 작고 사소하지만 상한 감 정, 미움, 분노가 있으면 하나님께 나아가 기도함으로 하나님께서 주시는 평안 을 경험해보자. 또한 지도자나 상담자의 도움을 받아 풀도록 해보자.

셋째, 저주의 말

어떤 분이 강아지를 키웠는데 그 강아지에게 '멍청한 강아지, 바보, 죽어버려' 라고 언어폭력을 가했더니 강아지가 멍청해져서 앞도 제대로 못보고 전봇대와 벽을 들이받다가 부상으로 죽었다고 한다.

어떤 사람은 아이큐가 150이 넘는 천재적인 능력이 있어도 공부를 못하고 사회 에서 사람구실을 할 수도 없는 무능한 사람이 되었다. 그 이유는 아버지가 늘 '멍청한 놈', '바보 같은 놈', '네가 사람구실을 하겠느냐' 등의 부정적 언어와 정서적 폭력을 가했기 때문이었다. 그 말대로 그는 진짜 멍청한 사람이 되었다. 말의 부정적 위력은 이렇게 크다. 만약에 내가 가까운 사람에게 이런 말을 한 적이 있다면 먼저 하나님께 회개하고 상처를 준 사람에게 용서를 구해야 한다.

1) 위 글을 요약해보고, 당신의 깨달음과 적용은 무엇인지 나누어보자.

2) 아래 성경구절을 적어보고 질문들에 답해보자.

⚙ 야고보서 3:1-8

⚙ 혀의 악을 어떻게 묘사하고 있는가? 선생의 자리를 가급적이면 피하라고(1절) 말하는 야고보의 강조점은 어디에 있다고 생각하는가?

❖ 혀가 지닌 문제점은 무엇인가?(6절, 마 15:18-20 참고)

❖ 6절에서 '혀가 온 몸을 더럽힌다.'고 했는데 이것은 말하는 자를 더럽히는 것인지, 듣는 자를 더럽히는 것인지, 아니면 둘 다를 더럽히는 것인지 생각해보고 그 이유를 설명해보자.

❖ 혀가 가지고 있는 가장 큰 문제는 무엇인가?(8절)

3) 당신은 남의 말 하기를 좋아하는 습성은 없는가? 무심코 한 말이라도 하나님 앞에서 추궁을 받는다고 한다. 말로 죄를 지은 경우가 생각나거든 돌이켜 회개의 기도문을 작성해보자.

회개 기도문

4. 언어와 마음의 관계

마태복음 15장 18-20절에서 예수님께서는 언어의 문제는 마음의 문제라고 말씀하셨다.

"입에서 나오는 것들은 마음에서 나오나니 이것이야말로 사람을 더럽게 하느니라 마음에서 나오는 것은 악한 생각과 살인과 간음과 음란과 도둑질과 거짓 증언과 비방이니 이런 것들이 사람을 더럽게 하는 것이요 씻지 않은 손으로 먹는 것은 사람을 더럽게 하지 못하느니라(마 15:18-20)"

결국 입에서 나오는 말은 마음에서 비롯된 것이므로 아름다운 말, 사랑의 말을 하기 위해서는 나의 내면에 무엇이 가득한지, 내면의 생각과 가치관이 무엇인지 주목하고, 내면(무의식)을 살펴보고 마음을 치유하며, 바꾸는 수고를 해야 한다.

1) 위 글에 대한 깨달음은 무엇이며, 실제로 마음 상태(내면)에 따라 언어를 잘못 사용한 적이 있다면 나누어보자.

2) 마태복음 12장 33-37절을 적고 묵상한 다음 주님이 말씀하시고자 하는 핵심이 무엇인지 적어보자.

🌐 마태복음 12:33-37

🌐 혀를 길들이는 가장 정확한 방법은 무엇인가?(34-35절)

3) 골로새서 3장 16절에서 마음을 무엇으로 가득 채워야 한다고 말씀하는가?

🌐 골로새서 3:16

5. 지혜로운 말

전도서 10장 12절은 "지혜자의 입의 말들은 은혜로우나 우매자의 입술들은 자기를 삼키나니"라고 말씀하고 있다. 지혜자의 입의 말은 은혜롭다고 했다. '은혜'란 말은 하나님과의 관계에서 구속적인 사랑을 표현하는데 사용되는 용어다. 인생이 타락하여 하나님의 사랑과 용서를 받을 수 없는데 그것을 받아 누리는 것, 그것이 바로 은혜다.

타락한 인간은 하나님의 은혜가 없으면 지혜로운 말을 할 수 없는 존재다. 하지만 거듭났는데도 여전히 자기와 타인에게 상처를 주고 파괴적인 말을 하고 있다면 사탄의 노예로 살고 있는 것이다. 그래서 부정적이거나 저주의 말을 하고 있다면 회개하는 마음으로 하나님의 은혜와 사랑을 구하고 돌이켜야 한다. 그래서 사랑, 기쁨, 행복, 성공, 창조적인 말을 하는 성도가 되어야 할 것이다.

그러면 지혜로운 말은 어떤 말인가?

첫째, 지혜로운 말은 힘을 주는 격려의 말이다.

격려의 말은 사람을 살리며 치료하여 회복시키는 힘이 있다. 세 치밖에 안 되는 혀는 사람을 살리기도 하고, 죽이기도 한다. 삶의 현장(직장, 가정, 교회, 사회 등)에서 남을 살리는 긍정적인 말을 하도록 실천하며 살아가도록 하자.

이제 우리는 이렇게 말을 해보자.
"내가 아무리 부족해도 주님은 나를 사랑하시고 기뻐하신다."
"오늘 나는 예수님과 함께 행복한 하루가 될 것이다."
"오늘도 나는 하나님의 축복으로 나와 다른 사람을 축복할 것이다."

자녀를 성공시키는 것은 좋은 의복이나 좋은 음식, 부유함이 아니라 부모님이 주는 사랑의 말에 있다고 한다. 자녀에게 사랑의 말을 하고 힘을 주는 말을 하면 그 자녀는 사랑받고 힘 있는 자녀가 되고, 자녀에게 사랑을 담아 신앙을 심어주는 말을 하면 좋은 신앙인이 되는 것이다.

자녀에게 힘이 되는 다섯 가지 말이 있다.
 ① 이 세상에서 네가 제일 소중하다.
 ② 나는 너를 위해 늘 기도하고 있다.
 ③ 아빠와 엄마는 너를 언제나 사랑한다.
 ④ 나는 너를 믿는다.
 ⑤ 하나님이 너를 축복하신다.

사랑의 마음, 사랑의 눈빛, 사랑의 분위기를 가지고 이 다섯 가지 말을 자녀에게 한다면 우리의 자녀는 이 땅에서 복된 자녀로 살아갈 것이다.

둘째, 지혜로운 말은 미래를 긍정적으로 보게 한다.

자녀(또는 사람)를 격려하고 꿈을 심어주면 자녀의 미래가 희망차게 된다. 부모와 사랑의 관계를 가진 아이는 부모를 신뢰하기 때문에 하나님을 신뢰하게 되고 자신의 미래에 대해 낙관적이 되며 자신과 타인의 능력에 대해 믿음을 가진다. 이런 아이들은 좌절이 와도 "나는 할 수 있다."는 소망을 품고 있기 때문에 끊임없는 도전의 마음을 가지게 된다.

특히 청소년기의 아이들에게 신앙적인 가치관을 심어주기 위해서는 교회 공동체의 역할이 너무 중요하다. 하나님의 사랑을 경험한 지도자와의 관계, 예수님의 사랑으로 서로 격려하는 분위기를 가진 사랑의 친구들이 있을 때, 건강하게 성장할 수 있다. 믿어주면 믿어준 대로 반응하고자 하는 것이 인간이다. 믿음, 소망, 사랑을 먹고 자란 사람은 믿음, 소망, 사랑의 인격이 될 것이다.

어리석은 말은 불행을 초래하고, 지혜로운 말은 행복의 지평을 열어준다. 지혜로운 말은 환경과 운명을 바꾸는 놀라운 능력이 있다. 말의 위력을 생각하고 자신과 자녀, 주변의 모든 인간관계에서 은혜롭고 지혜로운 말을 사용하자.

1) 위 글을 요약해보고 얻은 깨달음이 있다면 무엇인가?

2) 다음 말씀을 통해 성경에서 권하는 말은 무엇인지 기록해보자.

🌐 이사야 50:4

🌐 골로새서 4:6

🌐 잠언 25:11

∷ 마치며...

1. 인격신앙훈련에 있어 말의 역할은 굉장히 크다. 그동안 당신의 말은 주로 부정적이었는가? 긍정적이었는가?

2. 당신의 말을 앞으로 어떻게 고칠 것인지 결심을 적어보고 지금부터 실행해보자.

> **금주의 과제**
>
> 1. 성경읽기: 시편 26-50편
>
> 2. 성경암송: D3(요일 2:15-16), D4(롬 12:2)
>
> 3. 독서보고: 심수명, 『성경의 가족이야기』, 5-8장 읽고 독후감 쓰기
>
> 4. 큐티(Q.T.) 실시 및 적용 나누기

3과   전도 생활

| 목 표 |
그리스도의 대사로서 영혼을 긍휼히 여기는 마음을 가지고 말로나 삶으로
전도를 실천하도록 한다.

| 주제 말씀 |
자기 때에 자기의 말씀을 전도로 나타내셨으니 이 전도는 우리 구주 하나님
이 명하신 대로 내게 맡기신 것이라(딛 1:3)

1. 그리스도의 대사로 부름받은 삶

옛날 이스라엘의 수도 사마리아가 아람 군대에 포위되어 먹을 것이 충분하지 못
해 기근이 심해지자 어떤 사람들은 사람을 잡아먹기도 했다(왕하 6:28-29). 그
당시 문둥병에 걸린 세 사람은 "우리가 어찌하여 여기 앉아 죽기를 기다리랴 …
우리가 가서 아람 군대에게 항복하자."고 말했다. 그들이 적진에 다다랐을 때,
그 곳은 텅 비어 있었고 음식과 보석, 금과 은이 널려 있었다. 그들은 마음껏
음식을 먹은 후에 전리품을 모았다.
이때 한 사람이 갑자기 사마리아성에 있는 동족들을 생각하고는 다음과 같이 말
했다. "이럴 수는 없어, 이 좋은 소식을 전해야 해. 가서 왕궁에 이 사실을 보고

하자." 그래서 그들은 왕궁에 돌아가서 이 기쁜 소식을 전했다.

복음을 알고 말할 기회가 주어졌는데도 침묵하고 있다면 이것은 큰 죄악이다. 전도는 영원한 생명에 관한 문제기 때문에 복음을 전하는 것은 그리스도인이자, 거듭난 자의 사명이다. 모든 사람이 전문적인 복음 전도자가 되도록 부름받은 것은 아니지만 거듭난 그리스도인은 모두 그리스도의 증인이 되도록 부름받았다 (행 1:8).

바울은 그리스도인을 그리스도의 대사(사신)라고 했다(고후 5:20). 대사는 다른 나라에 살고 있지만 자기 나라를 대표하며 자기 나라의 이익을 추구하는 사람이다. 그들은 거주하고 있는 국가에서 사명을 감당하고 있더라도 항상 자기 나라의 정체성을 잃지 않는다. 그리스도의 제자로서 우리는 이 땅에 살면서 그리스도를 모르는 사람들에게 예수님을 드러내야 할 사명이 있다. 이것이 바로 대사의 삶이다.

우리가 그리스도의 대사로 살기 위해서 예수님께서 이 땅에서 어떻게 사셨는지 먼저 알아보자. 예수님은 자신이 섬기고 있는 사람들과 같이 되셨다. 하나님이시면서도 사람이 되셨다(빌 2:6-8). 우리도 예수님과 마찬가지로 이 땅의 불신자들과 동화되어야 한다. 예수님을 알지 못하는 사람들과 동화된다는 것은 영적인 수준만의 동화가 아니라 정서적이고 인간적인 수준까지의 동화를 의미한다. 세상 사람들은 고독과 좌절, 권태 속에 살아간다. 그리스도인들은 세상 사람들이 영적으로 메마르고 피곤하며, 무엇 때문에 힘들어하는지 알고 있어야 그들을 복음으로 이끌 수 있다.
따라서 그리스도인이 불신자를 섬기기 위해서는 먼저 그의 친구가 되어야 한다. 친구가 되기 위해서는 그의 눈높이에서 그의 삶을 보아야 한다. 마가복음 5장에서 예수님께서 혈루증에 걸린 여인을 치료하셨을 때, 예수님은 수치스러운 이 여인의 질병을 공개적으로 드러내시고 치료하신다. 예수님께서 이 여인을 당혹

스럽게 만든다고 오해할 수 있지만 예수님은 이 여인을 육체적으로 회복시킬 뿐 아니라 사회적, 문화적으로도 회복시키기 위해서 질병을 공개하여 치료하신 것이다. 유대의 법에 따르면 혈루증(만성 자궁출혈병)을 앓게 되면 정결 예식상 부정한 자가 되어 공동체에서도 추방을 당한다. 예수님께서는 이 여인을 온전히 회복시키기 위해서 그녀의 병을 드러내시고 온전한 회복의 삶을 주신 것이다. 그리스도의 대사로 살기 위해서는 영적이면서도 인격적인 감수성이 필요하다.

1) 위 글을 요약해보고 얻은 깨달음을 적어보자.

2) 복음(기쁜 소식)은 예수 그리스도다. 당신은 예수 그리스도를 어떻게 나타내고 있는가?

3) 하나님께서 우리에게 주신 직책이 무엇인지 살펴보자. 또한 직책과 함께 우리 손에 들려주신 것이 무엇인가?

✤ 고린도후서 5:17-19

4) 다음 성경구절을 묵상해보고, 그리스도의 대사로 살기 위해 어떤 자세가 필요한지, 위 글을 참고하여 정리해보자.

✤ 고린도후서 5:20

2. 관계와 삶으로 전도하기

바울은 디도서 1장 3절에서 "자기 때에 자기의 말씀을 전도로 나타내셨으니 이 전도는 우리 구주 하나님이 명하신 대로 내게 맡기신 것이라(딛 1:3)"고 하면서 전도는 성도의 사명임을 역설하고 있다. 전도가 우리의 사명임을 알고 복음을 전하기 위해서는 불신자들과 접촉할 기회를 가져야 하며 이를 위해서 관계 맺는 능력이 필요하다. 관계를 잘 세워가기 위해서는 타인에게 호의를 베풀 수 있어야 한다. 호의에는 여러 형태가 있는데 그중에서 자신의 삶을 개방하는 것, 접대하는 것, 그리고 관계에서 호의를 보이는 것이 있다.

자신의 삶을 개방하여 다른 사람들의 접근을 허용하는 호의는 고독과 소외감 속에 살아가고 있는 영혼들에게 따뜻하고 친절하게 다가가 자신의 깊은 마음(개인적 성소)을 열어 진실하게 타인과 만나는 것이다. 이때 상처를 받을 수도 있겠지만 상처 없이 사람을 사랑할 수는 없다. 자신의 마음을 열고 먼저 다가가는 호의는 깊은 차원의 영적, 관계적 교통이 일어나서 전도의 기회로 사용할 수 있다.

사람들을 접대하는 호의는 사람들을 만나 즐거운 시간을 갖거나, 집을 개방하여 음식을 준비하고 유쾌한 시간을 갖도록 배려하는 것이다. 집이나 카페에서 편안히 시간을 보내며, 일상을 함께 나누고 웃을 때 상대방은 친절함과 호의를 느끼게 되므로, 시간을 내어 여러 모양으로 접대하는 호의는 전도에 효과적이다.

또한 관계에서 호의를 보이는 것은 관계하는 모든 사람에게 관심을 가져주고, 말 그대로 호감을 표현하는 것이다. 예를 들어 상점의 점원에게 그들의 일에 관해 힘들지 않은지 물어보거나, 주변 사람에게 먼저 다가가 "오늘 하루 어떻게 지내셨어요?"라고 물어 보는 것은 관계에서 호의를 베푸는 것이다. 호의를 베풀 때는 환대를 받는 사람의 상황과 마음을 살피는 자세가 필요하다. 호의를 받게 되면 환대를 받는 사람은 수용과 평화, 격려와 사랑을 느끼게 된다.

호의와 관련해서 강조하고 싶은 것은 그 영혼을 위해 간절히 하나님께 기도하라는 것이다. 그의 영혼과 삶이 그리스도 안에서 온전해지기를 바라는 마음으로 기도해야 한다. 그때 더 깊은 하나됨과 영적 교통을 느낄 수 있다.

이외에도 우리가 사람들에게 본이 될 만한 모습을 보일 때 전도는 더 잘 된다. 바울은 데살로니가 교인들에게 "그러므로 너희가 마게도냐와 아가야에 있는 모든 믿는 자의 본이 되었느니라(살전 1:7)"고 썼다. 또한 고린도 교인들에게 "내가 너희에게 권하노니 너희는 나를 본받는 자가 되라(고전 4:16)"는 말까지 했다. 그리스도인이 본받을 만한 모습으로 살아갈 때 이것은 다른 사람을 그리스도께 인도하는 데 있어 강력한 영향력이 될 수 있다. 아리스토텔레스는 '화자의 가장 효과적인 설득 수단은 화자 자신'이라고 말했다.

하나님이신 예수님께서 사람이 되셨을 때, 그 영향력은 어떤 말이나 논리보다 대단한 것이었다. 불신자나 초신자들이 기존 성도의 모습에서 예수님에 대한 사랑, 성경에 대한 확신, 하나님에 대한 열정, 기도의 모습 등을 본다면, 그들도 그런 삶을 살아가고 싶은 마음이 일어날 것이다. 전도에는 여러 종류(노방전도, 이슬비전도, 관계전도 등)가 있지만, 그 중에서 가장 확실한 전도법은 삶을 통한 관계전도다. 거룩한 생활은 전도자가 입을 열지 못하는 환경에서도 사람을 끌어 복음에 관심을 가지게 하는 힘이 있다.

1) 위 글을 읽고 얻은 깨달음은 무엇인지 나누어보자.

2) 전도하기 위해 필요한 여러 요소를 정리해보고 당신에게 부족한 것은 무엇이며 앞으로 어떤 노력을 하겠는지 결심을 적어보자.

3) 다음 성경구절을 가지고 전도를 위해 필요한 것이 무엇인지 정리해보자.

⊕ 마태복음 5:16

⊕ 베드로전서 3:15

3. 말로 전도하기

착한 행위로만 전도할 수는 없다. 복음의 내용은 말로 전달되어야 한다. 믿음은 들음에서 난다. 전도에 있어서 말의 복음을 몸이라 한다면, 행위의 복음은 몸에 걸치는 옷이라 볼 수 있다. 요즈음 전도하기를 부끄러워하는 사람들은 말보다는 생활이 중요하다고 강조하면서 말의 전도를 회피하고 있다.

그러나 성경에서는 "하나님의 지혜에 있어서는 이 세상이 자기 지혜로 하나님을 알지 못하므로 하나님께서 전도의 미련한 것으로 믿는 자들을 구원하시기를 기뻐하셨도다(고전 1:21)"라고 말씀하셨다. 실제로 입을 열어 모든 사람들이 복음을 듣는 기회를 갖도록 해야 한다. 하나님께서는 전도를 가장 축복하신다. 그러므로 교회가 전도의 센터가 되어야 한다.

말로 전도를 하려면 복음의 내용에 대해서 알고 있어야 한다. 복음의 내용을 간단히 요약하면 다음과 같다.

"원래 인간은 하나님의 형상대로 지음 받았으며 하나님과 더불어 행복하게 살도록 창조되었습니다. 그런데 아담과 하와가 사탄에게 속아 범죄함으로 하나님을 떠나게 되었습니다. 아담과 하와의 범죄 이후, 모든 인간은 원죄를 가지고 태어나게 되었습니다. 이것이 우리 인간의 근본 문제입니다. 원죄 때문에 인간에게는 영적, 정신적, 육체적, 죽음의 문제 등 여러 다양한 문제가 나타나게 되었습니다.
이 문제를 해결하기 위해 인간은 여러 종교나 선행, 철학, 과학 등 다양한 방법을 시도하지만 인간 스스로는 자신을 구원할 수 없습니다. 구원의 유일한 해결책은 오직 예수 그리스도뿐입니다. 하나님이 친히 인간의 몸을 입고 이 땅에 오셔서 우리를 구원하셨는데 그분이 바로 예수님이십니다. 성경은 누구든지 예수 그리스도를 믿고 영접하면 구원을 얻는다고 약속하고 있습니다. 지금 바로 이 자리에서 예수님을 주님으로 인정하고 영접하여서 하나님의 자녀가 되시기를 바랍니다."

전도자는 복음의 핵심을 소개하고 전도하여 영접할 수 있도록 복음 제시에 필요한 말씀을 외우고 있어야 하며, 복음을 전했을 때 불신자가 영접하겠다고 응답을 하면 바로 그 자리에서 영접 기도를 할 수 있도록 도와주어야 한다.

1) 위 글을 요약해보고 얻은 깨달음은 무엇인가?

2) 다음 성경구절은 전도할 때 외우고 있어야 할 중요한 말씀이다. 여러 번 읽고, 쓰고
   외우도록 해보자.

🌐 요한복음 3:16

🌐 로마서 10:9-10

🌐 요한복음 1:12

4. 영혼에 대한 긍휼의 마음

마태복음 9장 36절을 보면 예수님의 심정이 "불쌍히 여기시니"로 표현이 되고 있다. 이 말은 "측은히 여기다, 동정하다"라는 의미로 원 뜻은 '내부의 창자에서 부터 동정심이 우러나와 마음이 움직인다.'는 뜻을 가지고 있을 정도로 강한 사랑에 대한 표현이다. 예수님께서는 목자 없이 방황하는 영혼들을 보시고 불쌍히 여기는 마음을 가지시고 그들을 인도할 사람을 찾고 계신다. 목자 없는 양과 같은 영혼들은 예수님 당시나 지금이나 동일하다. 이때 필요한 것은 방황하는 영혼들을 위해 일할 사람이다.

그러므로 전도자에게 필요한 것은 영혼에 대한 긍휼의 마음이다. 예수님의 눈을 가지지 못하면 예수님처럼 영혼을 향한 사랑의 마음을 느낄 수 없다. 당신에게 긍휼히 여기는 마음이 어느 정도 있는가? 만일 당신이 예수님의 눈을 가지고 있지 못하다면 그 원인은 무엇인지 살펴보고 예수님의 긍휼의 마음을 가질 수 있기를 열망해보자.

1) 위 글을 요약해보고 얻은 깨달음은 무엇인가?

2) 바울은 자기 동족을 구하는 일에 어느 정도로 희생할 각오를 가지고 있다고 했는가?

🌐 로마서 9:3

3) 아직 예수님을 믿지 않는 가족이나 이웃을 생각하는 당신의 심정과 바울의 심정을 비교하면서 무엇을 발견할 수 있는가?

4) 당신이 전도하고 싶은 사람의 이름(3명 이상), 당신과의 관계, 그 사람에게 복음을 어떻게 제시하면 좋을지 기록해보자.

.:. 마치며…

1. 3과를 통해 깨달은 점과 느낀 점을 기록해보자.

2. 올해 몇 명을 전도할 것인지, 그리고 평생에 몇 명을 전도할 것인지 계획을 세워보고 구체적인 계획을 나누어보자.

금주의 과제

1. 성경읽기: 시편 51-75편

2. 성경암송: D5(고전 15:58), D6(히 12:3)

3. 독서보고: 심수명, 『성경의 가족이야기』, 9-11장 읽고 독후감 쓰기

4. 큐티(Q.T.) 실시 및 적용 나누기

4과 경제 생활

| 목 표 |
돈의 노예로 살 것이 아니라 성경적 가치관대로 경제 생활을 함으로써 영적
으로나 물질적으로도 축복의 삶을 살도록 한다.

| 주제 말씀 |
너희는 먼저 그의 나라와 그의 의를 구하라 그리하면 이 모든 것을 너희에
게 더하시리라(마 6:33)

1. 돈의 회심

마틴 루터는 신앙인이 되기 위해 세 가지 회심이 필요하다고 하였다. 그것은 마
음의 회심, 생각(정신)의 회심, 그리고 돈지갑의 회심이다. 루터의 이 지적은 아
주 적절하다고 생각한다. 현대인들은 황금만능주의사고에 젖어 있으며 돈지갑의
회심은 제2의 회심이라고 말할 정도로 성도들도 돈을 너무 사랑한다.

다음의 세 가지 원칙은 성도들이 꼭 지켜야 할 내용이다.
첫째, 마음과 목숨과 힘을 다하여 하나님을 사랑하는 것
둘째, 아름다운 인격과 성품을 갖는 것
셋째, 돈의 철학(경제관 및 직업관)에 대해 기독교적 시각을 갖는 것

이 세 가지 중 성도들이 제일 지키기 힘들어하는 것은 돈에 대한 기독교적 가치관이다. 그러나 주님은 "너희가 하나님과 재물을 겸하여 섬길 수 없다(마 6:24)"고 하시며 돈에 대해 분명하고 정확하게 선포하신다.

하나님께서는 아담과 하와에게 모든 피조물을 다스리는 권위를 부여해 주셨다. 그러나 하와가 사탄의 유혹에 넘어가는 바람에 하나님으로부터 부여받은 엄청난 권세를 사탄에게 빼앗겨 버렸다. 무한한 자원의 원천되신 하나님을 잃어버린 인간은 자신에게 있는 적은 자원을 가지고 살아야 했기에, 그 마음을 소유욕으로 가득 채워야만 했다. 이 소유욕이 현대에 와서는 부와 돈이란 개념으로 정착이 되었다. 그래서 예수님은 돈을 신격화하는 인간의 상태를 정확히 진단하여 돈을 맘몬(물질의 신, 마 6:24; 눅 16:13)이라고 하시면서 하나님보다 돈을 더 사랑하는 것이 죄라고 말씀하셨다.

그렇다면 돈에 대한 성도의 자세는 어떠해야 할까? 성도들은 돈보다 하나님이 더 소중하다는 시각을 가지고 이것을 삶에 적용해야 한다. 그러기 위해서는 돈을 평가절하 하는 태도가 필요하다. 대다수의 사람들은 돈을 좋아하면서 돈을 신격화하는데 그리스도인들은 '돈은 벌기 위한 것이 아니라 남에게 나누어주기 위해 버는 것'이라는 철학을 가지고 돈을 우습게 볼 수 있는 시각을 가져야 한다. 돈의 가치를 평가절하 하는 것이 바로 성경적 태도다.

1) 위 글을 요약하고 얻은 깨달음은 무엇인가?

2) 성도들이 꼭 지켜야 할 세 가지 원칙을 다시 정리해보고 당신은 어떠한지 점검해보자.

3) 인간의 관심이 하나님으로부터 물질로 옮겨질 수밖에 없는 이유는 무엇인가?

4) 돈의 힘을 무력화시키고 세속화시킬 수 있는 방법은 무엇인가?

2. 돈에 대한 그리스도인의 철학

돈에 대하여 그리스도인은 다음과 같은 생각을 가지고 살아야 한다.

첫째, 하나님을 삶의 최우선에 두기

돈에 대한 성경의 원칙은 '언제나 하나님을 최우선에 놓으라'는 것이다.
"너희는 먼저 그의 나라와 그의 의를 구하라 그리하면 이 모든 것을 너희에게 더하시리라(마 6:33)"

하나님을 최우선에 놓는다는 것은 무엇을 뜻하는지 다음 질문을 통하여 점검해 보자.

- 나는 실제로 우리 가족 한 사람 한 사람보다 하나님을 더 앞세우는가?
- 하나님은 언제나 내 친구들보다 더 중요한 존재인가?
- 취미생활인 TV를 보거나 다른 여가 활동보다 하나님께 더 많은 시간을 매일 드리고 있는가?
- 하나님은 내가 가진 어떤 소유물보다도 더 중요한가?
- 하나님을 구하는 것이 재정적인 부요함을 추구하는 것보다 더 중요한가?

위의 질문들에 대해 하나님을 최우선에 두고 있다고 답하기가 어려울 수 있을 것이다. 그만큼 세상을 향한 애착을 포기하고 하나님을 최우선에 놓는 것이 어렵다. 그러나 우선순위를 하나님께 두고 매일 매 순간 하나님께서 우리의 중심에 계시기를 원하며 그렇게 살 때 하나님께서 우리를 부요케 하신다. 세상의 그 어떤 것보다 하나님을 가장 사랑하고 언제나 그분을 최우선에 둔다면, 하나님께서 우리에게 부귀와 명예를 모두 주실 것이다.

1) 위 내용을 보고 어떤 깨달음이 있는지, 그리고 삶에서 어떻게 적용하며 살 것인지 정리해보자.

둘째, 즐거움으로 넘치게 헌금하기

성경에서는 하나님께 헌금을 할 때 자발적인 마음으로, 즐거운 마음으로 하라고 권면하고 있다.

"각각 그 마음에 정한 대로 할 것이요 인색함으로나 억지로 하지 말지니 하나님은 즐겨 내는 자를 사랑하시느니라(고후 9:7)"

하나님께서는 우리가 구제나 선교, 장학헌금 등으로 다른 사람들에게 후하게 베풀면, 하나님께서 다른 사람들을 감동시켜 우리에게 갚아 주시겠다고 약속하신다.

"남에게 주어라. 그러면 하나님께서도 너희에게 주실 것이니, 되를 누르고 흔들어서 넘치도록 후하게 되어 너희 품에 안겨 주실 것이다(눅 6:38, 표준새번역)"

잠언 11장 25절은 "구제를 좋아하는 자는 풍족하여질 것이요 남을 윤택하게 하는 자는 자기도 윤택하여지리라"라고 말씀한다. 또 마태복음 6장 1-4절은 구제할 때 은밀하게 할 것을 강조한다. 가난한 자들을 도울 때 자기 의를 드러내고

자 하는 것이 아니라 순수한 사랑과 섬김의 마음으로, 하나님께 받은 은혜를 베풀려고 할 때 하나님께서 갚아주신다고 약속하신다.

잭 하트만은 1974년에 사업이 실패하여 연간 수입의 10배가 넘는 빚으로 극심한 신경쇠약과 불면증에 시달리게 되었다. 그러던 중 한 친구로부터 예수님을 영접하면 도산하지 않을 것이며, 인생의 모든 문제의 해답이 성경에 있다는 이야기를 듣게 되었다. 그때 그는 예수 그리스도를 영접하였고 그 후 성경을 읽고 묵상하는 데 엄청난 시간을 투자하였다. 그는 하나님의 말씀을 그대로 믿고 성경의 경제 원리대로 자신의 삶에 적용하여 하나님을 위해 아낌없이 드리는 삶을 살았다. 얼마지나지 않아 그는 모든 빚을 다 갚았고 당시의 경제공황에도 불구하고 그의 회사는 계속 성장하였다.

다음은 그의 비서인 아이린 모건의 고백이다.
"9년 전 회사 재정은 그야말로 엉망진창 상태에 빠졌습니다. 그런데도 사장님은 교회와 여러 기독교 단체에게 기부금을 주라고 말했습니다. 재정 상태가 나빠지면 나빠질수록 더 많은 기부금을 보냈습니다. 도무지 말도 안 되는 일이었지만 하트만씨가 시키는 대로 했습니다. 그런데 결과는 너무 놀라웠습니다. 지난 9년 동안 재정적인 어려움이 있을 때마다 기부금의 액수를 늘렸고 그때마다 한 번도 어긋남이 없이 필요한 금액이 들어오곤 했습니다. 때때로 대단한 인내심이 필요하긴 했지만 결과적으로는 언제나 돈은 정확하고 풍성하게 들어왔습니다."

1) 위 내용을 보고 어떤 깨달음이 있는지, 그리고 삶에서 어떻게 적용하며 살 것인지 정리해보자.

2) 가난한 자에 대한 성경의 태도는 무엇인지 정리해보고 당신의 태도는 어떠했는지 점검해보자.

3) 물질에 대한 하나님의 원리는 '물질은 하나님이 주신 것'이라는 인식이다. 다음 말씀을 가지고 생각해보자.

⊕ 시편 89:11

⊕ 시편 24:1

셋째, 유동경비를 줄이고 저축하기

그리스도인은 낭비를 줄이고 미래를 위해 적절히 저축해야 한다. 계획을 가지고 수입을 관리해야 하며 노후를 위해 재정계획을 세우고 실천해야 한다. 특별히 일확천금을 노리는 주식투자나 부동산투자 또는 관계를 해칠 수 있는 '계모임' 같은 위험한 사적인 돈거래는 피하는 것이 좋다.

유동경비를 줄이고 저축하기 위한 실제적 지침은 다음과 같다.

· 외식비를 줄인다. 값비싼 외식으로 과도하게 지출하지 않도록 하며, 가정경제를 고려하여 계획적인 지출을 하며 충동구매하지 않도록 한다. 또 음식을 남겨서 버리지 않도록 식단을 계획한다.

· 사교육비를 적절히 계획한다. 꼭 필요한 학원 외에는 지출을 줄여야 하며, 그리스도인끼리 공동으로 전공에 따라 자녀를 지도하는 것도 좋은 방법이다.

· 의복비가 낭비되지 않도록 한다. 그리스도인들끼리 '아나바다 행사' 같은 모임은 권장할만하다. 유행에 따라, 철마다 구입하는 잘못된 소비문화를 바로잡아야 한다. 유행이 아닌 필요에 의해 구매해야 한다.

· 여행 경비를 지출하거나 신용카드를 사용할 때 계획을 잘 세워야 한다. 취미생활이나 해외여행 등으로 많은 지출을 하게 되는 경우가 있다. 꼭 필요한 것인지, 목적 등을 잘 고려하여 계획을 세우도록 한다. 또한 신용카드를 사용하면 현금을 쓸 때보다 더 많은 지출을 하게 되는 유혹을 받게 된다. 신용카드를 최소한으로 사용하고 계획적인 지출을 하라.

1) 위 내용을 요약해보고 어떤 깨달음이 있는지, 그리고 삶에서 어떻게 적용하며 살 것인지 정리해보자.

3. 십일조 생활

헌금 중에 가장 대표적인 헌금은 십일조 헌금이다. 자기 수입에서 10분의 1을 하나님께 드리는 것이 십일조다. 그 기원은 아브라함이 전리품의 십분의 일을 살렘왕 멜기세덱에게 준 것에서 찾을 수 있다(창 14:17-20). 이후 십일조는 율법으로 성문화되면서(레 27:30; 신 14:22) 크게 세 종류로 구분되어 지켜졌다.

▪ 첫째 십일조: 십일조

이스라엘 12지파 중 레위 지파는 이스라엘 백성이 하나님의 은혜를 입을 수 있도록 모든 백성을 대신해서 성전 봉사를 맡았다. 따라서 이스라엘 백성은 이들이 성전에서 봉사하는 데 전념할 수 있도록 자신들의 소산물의 1/10을 하나님께 드렸다(민 18:21-24; 느 12:44). 그러면 레위인들은 백성들로부터 받은 십일조를 가지고 생활하며, 그 중 다시 1/10을 구별하여 하나님께 거제로 바쳐야 했는데 이것은 제사장들의 몫이 되었다(민 18:28, 31; 대하 31:10; 느 10:37).

▪ 둘째 십일조: 감사헌금

첫째 십일조를 바친 이스라엘 백성들이 그 나머지 소출(9/10) 가운데서 다시 1/10을 구별한 것을 가리킨다. 자신들이 직접 중앙 성소로 가지고 올라갔는데(신 12:5), 한 해 동안 풍성한 축복을 내려주신 하나님께 감사 축제를 드리는 비용으로 사용되었다(신 12:6-7, 14:22-27). 백성들이 한 해 동안의 풍성한 소출을 거둔 것에 대해 하나님께 감사하게 함으로써 온전히 여호와를 경외하도록 교훈하기 위함이었다(신 14:23).

▪ 셋째 십일조: 구제헌금

따로 구별된 십일조가 아니라 '둘째 십일조'와 동일한 것인데 다만 용도에 있어서 다를 뿐이다. '둘째 십일조'는 안식년을 기준으로 매 1년과 2년 그리고 4년과 5년째에 쓰는 '감사축제용'이었고, '셋째 십일조'는 안식년을 기준으로 매 3년과 6년째에 쓰는 '이웃구제용'이었다(신 14:28-29, 26:12-13).

위의 원리에 의하면 성도가 하나님께 바치는 헌금은 십일조, 감사, 구제, 주일 헌금 등을 포함하여 전체 수입의 20% 정도가 되면 성경적이라고 할 수 있다. 실제로 신실하게 신앙생활을 하는 그리스도인은 십일조 헌금과 전 가족이 드리는 주일 헌금, 감사 헌금, 절기 헌금 등 각종 헌금의 총액을 계산하면 전체 수입의 20%를 상회한다. 하나님이 온전한 십일조를 드리는 성도의 경제를 어찌 축복하지 않으시겠는가?

1) 위 내용을 요약해보고 어떤 깨달음이 있는지, 그리고 삶에서 어떻게 적용하며 살 것인지 정리해보자.

4. 십일조에 대한 잘못된 시각과 올바른 시각

십일조에 대한 부정적이거나 잘못된 의견을 살펴보면 대체로 다음과 같다.
첫째, 십일조를 드리라는 가르침을 받지 못해서 십일조를 안한다는 것이다. 이것은 목회자의 잘못이라고 할 수 있다.

둘째, 성경에 나타난 하나님의 율법은 구약이며 현재는 율법 아래 있지 아니하고 은혜 아래 있기 때문에 할 필요가 없다는 것이다. "그 십분의 일은 여호와의 것이니(레 27:30)"라고 하는 말씀과 "사람이 하나님의 것을 도적질하겠느냐(말 3:8)"의 말씀은 구약시대에 주신 말씀이므로 지금은 유효하지 않다는 것이다. 이것은 성경을 잘못 해석한 것이다.

마지막으로, 마음이 내키지 않아서 드릴 수 없다는 것이다. 이것은 돈이 내 것이라고 하는 생각과 물질에 대한 강한 애착 때문에 돈을 하나님께 드리는 것이 아깝다는 잘못된 생각에서 기인한 것이다.

그렇다면 십일조에 대한 올바른 시각이 무엇인지 말씀을 통해 살펴보자.

첫째, 하나님의 말씀이 명령하고 있기 때문이다.

마태복음 23장 23절에 보면 예수께서 "화 있을진저 외식하는 서기관들과 바리새인들이여 너희가 박하와 회향과 근채의 십일조는 드리되 율법의 더 중한 바 정의와 긍휼과 믿음은 버렸도다 그러나 이것도 행하고 저것도 버리지 말아야 할지니라."고 말씀하고 있다. 위 말씀에서 '이것'은 십일조를 이야기하는 것이며, '저것'은 율법을 가리키는 것으로써 주님께서는 말씀을 지키는 것과 함께 십일조도 온전히 드려야 할 것에 대하여 분명히 말씀하셨다.

둘째, 하나님의 사역을 위해서 드려야 한다.

성도들이 십일조를 드리지 않아서 교역자들이 생활비가 없어 하나님의 명령인 전도사역, 선교사역, 돌봄 사역 등 목회사역을 하지 못한다면, 이것은 하나님께서 원하시는 바가 아니다.

셋째, 십일조의 축복 때문에 드려야 한다.

낙원을 상실한 인간은 경제 문제에 대한 두려움이 있다. 하나님은 인생의 그 두려움을 해결하는 통로로 십일조의 축복을 약속하셨다. 풍성한 경제 생활을 누리길 원한다면 십일조에 순종해보자. 하나님께서 반드시 축복을 주실 것이다.
"만군의 여호와가 이르노라 너희의 온전한 십일조를 창고에 들여 나의 집에 양식이 있게 하고 그것으로 나를 시험하여 내가 하늘 문을 열고 너희에게 복을 쌓을 곳이 없도록 붓지 아니하나보자(말 3:10)"

하나님은 인격적인 분이시기 때문에 사람이 하나님을 시험하는 것을 싫어하신다. 그런데 성경에서 오직 십일조에 대해서만 "내가 너를 축복하는지 하지 않는지 시험하라(말 3:10)"고 말씀하고 있다. 하나님께서는 십일조를 통해 성도의 경제적 축복을 약속하고 계신다.

1) 위 내용을 요약해보고 어떤 깨달음이 있는지, 그리고 삶에서 어떻게 적용하며 살 것인지 정리해보자.

2) 다음 성경구절을 통해 재물을 어떻게 관리해야 하는지 생각해보자.

⊕   역대상 29:11-14

3) 모든 재물은 하나님의 것이며 우리는 청지기라는 신앙이 없으면 위험한 지경에 빠질
   수 있다. 성경구절을 보고 모든 악의 뿌리가 무엇인가 살펴보자.

⊕   디모데전서 6:9-10

4) 예수를 믿는 사람이 돈에 마음을 빼앗기면 어떤 손해를 보는지, 각자 경험을 나눠보자.

5. 십일조에 관한 의문사항들

(?) 총수입에서 십일조를 드려야 하는가, 순수입에서 십일조를 드려야 하는가?

총수입에서 공제된 것도 결국 자신의 유익을 위한 것이다(건강보험, 국민연금 등). 순수입에서 십일조 드리는 것은 하나님의 축복의 약속을 약화시키는 것이다. 하나님은 우리가 자발적으로 드리기를 원하신다.

(?) 십일조 금액이 매우 적은데도 여전히 십일조를 드려야 하는가?

아주 작은 수입이라 하더라도 하나님을 의지하여 말씀에 순종하는 것이 믿음의 삶이요, 축복을 바라보는 삶이다. 액수는 전혀 문제가 안 된다. 예수님께서는 과부의 두 렙돈을 칭찬하셨다(눅 21:2).

(?) 헌금은 언제나 본 교회에 드려야 하는가?

그렇다. 자신이 섬기는 교회에 십일조를 드리는 것은 그 교회를 존귀케 하는 것이다. 선교기관이나 다른 교회에 십일조를 내는 것은 하나님의 뜻이 아닌 내 방식을 따른 것이다.

(?) 십일조를 드릴 수 있는 형편이 못 되는 경우는 어떠한가?

십일조를 못 드릴 형편은 없다. "사람이 어찌 하나님의 것을 도둑질하겠느냐 그러나 너희는 나의 것을 도둑질하고도 말하기를 우리가 어떻게 주의 것을 도둑질하였나이까 하는도다 이는 곧 십일조와 봉헌물이라(말 3:8)"고 말씀하셨다. 하나님의 것을 도둑질하는 자들은 빈궁함으로 교훈 받게 될 것이다.

(?) 가난한 사람에게는 십일조가 무리한 일이 아닐까?

그렇지 않다. 십일조를 내면 복을 주시겠다는 것이 하나님의 계획이다. 가난한 사람에게 십일조를 면제시켜주는 것은 그에게 유익을 주는 것이 아니라 복을 빼앗는 것이 된다. 왜 가난한 사람에게 불리한 원칙을 적용해야 한단 말인가? 십일조는 성도에게 주신 고귀한 특권이자 축복이다. 이것을 믿는다면 십일조를 바치는 것이 은혜와 축복임을 알 수 있다.

(?) 빚지고 있는 상태에서 먼저 빚을 갚고 나서 십일조를 시작해야 하지 않을까?

아니다. 성도가 그동안 십일조를 내지 않았다면 하나님께 먼저 빚을 진 것이다. 따라서 창조주 하나님께 먼저 갚지 않는 것은 큰 죄라고 할 수 있다. 십일조는 하나님의 것이다. 다른 빚을 다 갚은 후에 십일조를 하려고 하면 결코 십일조를 할 수 없게 될 것이다. 그러나 믿음으로 먼저 십일조를 드릴 때 하나님은 다른 빚을 갚을 수 있는 은혜를 주신다.

(?) 십일조는 매주 드려야 하는가 아니면 매달 드려야 하는가?

주급이라면 매주 드리고, 월급은 월급 받은 후 첫 주일에 드려야 한다.

(?) 십대의 젊은 사람들이나 혹은 어린이들도 십일조를 드려야하는가?

그렇다. 십일조를 배울 최선의 시기는 어린 시절이다.

(?) 상환 받은 경비에 대해서도 십일조를 내야 하는가?

아니다. 그것은 수입이 아니기 때문이다.

(?) 퇴직연금에 대해서도 십일조를 드려야 하는가?

물론이다. 대개의 경우 고용주 또는 정부는 피고용주가 낸 기본 액수 위에 돈을 더 덧붙인다. 게다가 죽기 이전까지는 계속해서 연금을 받는다. 그러므로 당신 자신의 돈이 얼마나 많이 당신에게로 되돌아올지를 계산할 도리가 없다.

1) 위 내용을 보고 어떤 깨달음이 있는지, 삶에서 어떻게 적용할 것인지 생각해보자.

2) 돈을 버는 과정에 대해 말씀이 주는 교훈은 무엇인가 살펴보자.

🌐 출애굽기 20:9

🌐 잠언 11:1

🌐 에베소서 4:28

3) 헌금을 통한 축복을 다음 말씀을 통해 확인해보자.

🌐 말라기 3:10

🌐 고린도후서 9:7

🌐 빌립보서 4:18-19

.·: 마치며…

1. 그리스도인이 가져야 할 돈에 대한 철학과 경제관은 무엇인지 정리해보고 삶에서 어떻게 적용하며 살 것인지 결심해보자.

2. 당신의 수입을 어떤 비율로 지출할 것인지 올해의 경우와 내년의 계획을 세워보자.

년도	헌 금	저 축	생활비	기 타
	%	%	%	%
	%	%	%	%

이러한 비율의 결정과 시행은 앞에서 언급된 성경적 원리 아래서 이루어져야 한다. 또한 일정 기간(6개월 혹은 1년) 지출 내역의 타당성을 평가하고 발전시켜 나가야 한다.

금주의 과제

1. 성경읽기: 시편 76-100편

2. 성경암송: D7(막 10:45), D8(고후 4:5)

3. 독서보고: 심수명, 『위대한 부모 위대한 자녀』, 1부 읽고 독후감 쓰기

4. 큐티(Q.T.) 실시 및 적용 나누기

5과 사랑의 삶

| 목 표 |

사랑의 원천이신 하나님의 참 사랑이 무엇인지 배우고 참 사랑의 삶을 평생
실천하기로 결심해본다.

| 주제 말씀 |

사랑은 모든 것을 참으며 모든 것을 믿으며 모든 것을 바라며 모든 것을 견
디느니라(고전 13:7)

1. 참 사랑

참 사랑이 무엇일까? 하나님의 아가페 사랑만이 참 사랑이라고 할 수 있다. 하
나님께서는 우리를 조건 없이 사랑하시고 돌보아주시며, 용서하시고 모든 것을
주시는 사랑을 하신다. 이 참 사랑은 하나님이 자기 아들 예수 그리스도를 죽여
아무 조건 없이 인류를 구원한 사건에서 절정을 이룬다. 따라서 참 사랑을 한다
는 것은 하나님의 사랑, 예수님의 사랑을 본받는 사랑을 한다는 것이다. 이러한
참 사랑은 하나님으로부터 온다는 것을 알 때 하나님께 감사와 찬양이 우러나오
게 된다. 하나님의 참 사랑을 인간관계에 적용해보면 다음과 같은 특징이 있음
을 알 수 있다.

첫째, 참 사랑은 성장하게 하는 힘이 있다.

에베소서 4장 13절에서는 "우리가 다 하나님의 아들을 믿는 것과 아는 일에 하나가 되어 온전한 사람을 이루어 그리스도의 장성한 분량이 충만한 데까지 이르리니"라고 말씀하고 있다. 하나님의 참 사랑을 경험한 사람은 자신이나 다른 사람이 영적, 인격적으로 온전하게 성장하도록 돕는다. 아가페 사랑은 아무것도 바라지 않은 채 사랑하기 때문에, 참 사랑을 받는 자의 자존감이 높아지며 존엄이 회복되고 새롭게 태어나도록 해준다. 성장은 자신과의 관계, 하나님과의 관계, 타인과의 관계, 더 나아가 우주와의 관계 등 모든 영역에서 일어난다.

둘째, 참 사랑은 자신을 사랑하는 것처럼 다른 사람도 사랑한다.

하나님의 사랑을 받은 사람은 자신을 진심으로 사랑할 뿐 아니라 이웃도 자기 자신처럼 사랑한다. "네 이웃을 네 자신과 같이 사랑하라(마 19:19)"는 말에는 자기 자신의 고결함과 독특성을 사랑하고 존중하듯이 다른 사람을 그렇게 사랑하라는 뜻을 내포하고 있다. 진실로 자기를 사랑할 줄 아는 사람이 다른 사람도 귀하게 대하며 사랑할 수 있다. 자신을 사랑하는 법을 모르는 사람은 남도 사랑할 줄 모른다.

셋째, 참 사랑은 행동으로 나타난다.

예수님께서는 말로만 사랑하지 않으시고 사랑을 몸소 실천하셨다. 예수님께서는 "세상을 떠나 아버지께로 돌아가실 때가 이른 줄 아시고 세상에 있는 자기 사람들을 사랑하시되 끝까지 사랑하셨다(요 13:1)." 행동으로 사랑을 보여주신 절정은 "다 이루었다(요 19:30)"고 말씀하시며 십자가에서 죽으실 때 나타났다. 예수님의 참 사랑은 감정이나 말에서 끝나는 것이 아니라 의지의 실천이 뒤따르는 것이었다. 행동이 동반되지 않는 말뿐인 사랑은 거짓이다. 참 사랑은 자신의 자유의지로 선택하고 실천하는 것이다.

넷째, 참 사랑은 예수님의 사랑을 확장시키는 것이다.

예수님은 하나님의 사랑으로 우리를 사랑하셨다. 참 사랑은 하나님의 사랑밖에 없다. 그래서 예수님의 사랑을 확장시키는 것이 참 사랑이다.

"내가 아버지의 계명을 지켜 그의 사랑 안에 거하는 것 같이 너희도 내 계명을 지키면 내 사랑 안에 거하리라(요 15:10)"

이처럼 우리가 예수님의 사랑 안에 거하면서 다른 사람을 사랑할 때 예수님의 사랑을 확장하는 것이다. 참 사랑은 사랑을 받는 사람이 다시 사랑을 하도록 이끄는 순환작용을 일으킨다. '사랑은 나눌수록 커지는 속성'이 있기에 참 사랑은 사랑하면 할수록 확장된다. 우리가 예수님의 사랑으로 사랑할 때 우리는 작은 예수로서 우리를 통해 예수님의 사랑이 확장된다.

다섯째, 참 사랑은 전 인류를 향해 나아간다.

참 사랑은 하나님의 사랑을 닮았기 때문에 나와 너, 우리를 넘어 모든 사람, 즉 전 인류를 사랑하려는 마음으로 발전한다. 결국 한 영혼에 대한 깊은 관심과 순수한 사랑은 전 인류에 대한 관심과 사랑으로 전환된다. 예수님은 자신의 목숨을 바쳐 온 인류를 사랑하셨다. 그 모습을 본받아, 스데반 집사가 "주여 이 죄를 그들에게 돌리지 마옵소서(행 7:60)"라고 말하며 자신을 죽이려는 자들을 사랑했고, 바울과 제자들이 인류를 향해 사랑으로 나아갔으며, 손양원목사가 자신을 죽인 공산당원을 자신의 양자로 삼아 사랑했다. 이것이 바로 인류애의 모델이다.

여섯째, 참 사랑은 사람을 믿어주고 소망을 가진다.

사람은 신뢰의 대상이 될 수 없는 연약한 존재다. 성경은 사람을 신뢰하라고 말하지 않고 사랑하라고 말한다. 그런데 사람을 진정으로 사랑하면 그 사람을 믿어주고 소망을 가지게 된다.

"사랑은 모든 것을 참으며 모든 것을 믿으며 모든 것을 바라며 모든 것을 견디는 것이다(고전 13:7)" 그러므로 믿을 수 없을 때에도 사랑하기 때문에 상대방을 믿어줌으로써 그의 희망이 되어 주는 자가 참 사랑을 하는 자다.

1) 사랑에 대한 각 정의와 의미를 정리해보자.

2) 당신에게 가장 부족한 것, 잘하고 있는 것은 무엇인지 구분해보자.

3) 다음 성경구절에서 사랑의 속성에 대해 무엇이라 말하고 있는가? 이 말씀에 비추어 볼 때, 당신은 하나님의 사랑에 대해 얼마나 알고 있으며 사랑의 경험은 어떠한지 나누어보자.

요한일서 4:19

2. 사랑의 순서

사랑의 원천은 하나님이시다. 하나님께서는 육신이 되어 우리 가운데 사셨고 우리 위해 죽으셨다. 그리고 우리를 안아주시며 '넌 특별해'라고 말씀하신다. 하나님은 우리를 향해 당신의 마음과 목숨과 힘을 다해 사랑하신다. 그래서 우리에게도 그런 순수하고 진실한 사랑의 관계를 요구하신다. 사랑을 베푼 자만이 사랑을 요구할 수 있다. 그러므로 **하나님의 무한한 사랑을 입은 우리도 하나님을 사랑하는 것이 가장 최우선의 과제가 되는 것이다.** 하나님의 사랑을 입은 우리는 하나님께 마음을 다하고 목숨을 다하며 뜻을 다하고 힘을 다하여 사랑함으로 응답해야 한다.

하나님 사랑 다음에는 '자기 사랑'이 동반되어야 한다. 우리는 하나님의 사랑을 받을 만한 가치가 있는 존재다. 그래서 자기 자신을 사랑하는 것은 하나님께 영광과 찬미를 드리는 행위가 된다. "네 이웃을 네 몸같이 사랑하라"는 말씀에 순종하기 위해서는 자신을 사랑할 수 있는 능력이 있어야 한다. 자기를 사랑하지 않으면 남 또한 온전히 사랑할 수가 없다. 자신을 사랑하는 것은 하나님의 사랑의 눈으로 자신을 사랑하면서도 자신의 능력의 한계를 알고, 자신을 피조물로서 받아들이며, 부족한 나 자신을 있는 그대로 수용하는 것을 말한다.

자기를 사랑하는 것과 자기중심적 사랑과는 다르다. 자기중심적 사랑은 자기에 대해 병적으로 집착하고 타인의 필요와 생각에 대해서는 무관심한 것이다. 또한 주는 것 보다는 받는 것을 더 좋아하고 즐거워한다. 그렇지만 건강하게 자기를 사랑하는 사람은 자신을 사랑하는 그 사랑으로 다른 사람을 사랑한다.
성경은 적절한 자기애, 자기 관심, 자기 존중을 건강한 것으로 여기고 있다(레 19:18; 마 19:19-20; 롬 13:9; 갈 5:14; 약 2:18). 자신을 미워하거나, 무시하거나 또는 자기비하에 빠지는 것은 하나님이 원하시는 것이 아니다. 성경에서 자기를 부정하라는 것은 자신의 가치를 부정하라는 것이 아니라 자신의 죄와 악한 욕망을 사모하는 것을 부정하며 자신의 영광을 추구하지 말라는 것이다. 자아를 십자가에 못 박는 것은 자신을 높이고 싶은 세속적 욕구를 그리스도와 함께 십자가에 기꺼이 못 박는 것을 의미한다.

하나님을 사랑하는 사람은 하나님의 사랑의 시각으로 자기를 사랑하고 그 사랑을 이웃에게로 향한다. 바울은 "피차 사랑의 빚 외에는 아무에게든지 아무 빚도 지지 말라 남을 사랑하는 자는 율법을 다 이루었느니라(롬 13:8)"고 하며, 성도가 지켜야 할 가장 중요한 계명은 이웃 사랑이라고 분명히 말하고 있다. 사랑은 본질적으로 이타적이어서 사랑의 능력이 커지면 다른 사람에게 관심을 가지며, 그의 말에 귀를 기울이고 그의 감정을 함께 느끼게 된다. 이웃을 사랑하게 되면 그들이 울 때 같이 울고, 즐거워할 때 같이 즐거워하게 된다(롬 12:15). 따라서 이웃 사랑이란 자기 사랑의 완성이며 나와 너의 일치를 경험하는 만남인 것이다.

결론적으로 사랑의 순서를 살펴볼 때 하나님 사랑, 자기 사랑, 이웃 사랑의 순서로 나타난다(이 순서는 시간적인 것은 아니다). 그리스도인은 사랑하도록 명령받았다.

1) 위 글을 요약해보고 어떤 깨달음이 있는지 정리해보자.

2) 그리스도인의 사랑은 우선 하나님 사랑으로부터 출발한다. 이 사실을 통한 배움과 깨달음을 적어보자.

3) 하나님 사랑, 이웃 사랑, 자기 사랑의 의미를 돌아보고 배움과 깨달음을 적어보자.

4) 다음 성경구절을 통해 하나님 사랑이 이웃 사랑으로 표현되는 것을 확인해보자.

✜ 야고보서 2:14-17

3. 하나님 사랑에 대한 외적 증거

하나님의 사랑은 일차적으로 하나님의 말씀을 읽고 믿음으로 받아들일 때, 설교, 찬송, 기도, 경건의 시간 중에 성령님의 특별한 임재를 경험할 때 깨닫게 된다. 또한 바울처럼 생의 위기 가운데 다양한 사건을 겪고 자신을 성찰하고 새로운 의미를 깨달음으로써(고후 12:7-10) 하나님의 사랑을 깊이 깨닫게 되는 경우도 있다. 그리고 타인의 삶, 특히 나보다 훨씬 어려운 사람들의 삶에 역사하시는 하나님의 은혜와 능력을 보거나 아이를 키우며 '아바 아버지'의 사랑을 경험하고, 그분의 특별하고 진한 사랑을 깨닫게 된다.

우리가 하나님께 받은 사랑은 이웃에 대한 사랑으로 표현되어야 한다. 하나님의 사랑을 아는 자는 그 사랑 때문에 다른 사람의 영혼을 사랑하고자 하는 동기가 생겨서 전도를 하게 된다. 예수님께 받은 사랑을 실천하고자 하는 열망을 가지고 전도하며 살게 된다.

1) 위 글에서 하나님 사랑의 외적 표현은 무엇인지 정리해보고, 당신에게는 외적 사랑이 어떻게 나타나고 있는지 자신을 살펴보자.

4. 사랑 연습

우리는 사랑을 추구하고 사랑을 하며 살려고 결심하지만 사랑의 능력이 부족하다는 것을 깨닫곤 한다. 우리 그리스도인의 가장 큰 콤플렉스는 바로 사랑일 것이다. 우리는 사랑을 하려 하지만 사랑의 능력이 부족하다. 부족하기에 연습과 훈련이 필요하다.

사랑은 대상이 문제가 아니라 능력이 문제다. 이 말은 사랑의 능력이 있다면 어떤 대상도 사랑할 수 있는데, 사랑의 능력이 없기에 대상을 탓한다는 뜻이다. 우리는 사랑의 원천자이신 하나님으로부터 끊임없이 사랑을 공급받을 수 있다. 사랑의 본질은 하나님이시다. 하나님 없이는 진정한 사랑을 할 수도 없고, 느낄 수도 없으며, 나눌 수도 없다. 그러므로 사랑하기 어려운 대상을 만날 때, 나에게서 사랑을 찾지 말고 하나님을 바라보며 사랑할 수 있는 마음을 주시기를 기도해야 한다. 그리고 어떤 대상이든지 사랑하기 위해 연습하고 훈련해야 한다. 사랑 연습은 지금 이 순간부터 죽는 그 순간까지 계속되어야 한다.

1) 위 글에서 마음에 와 닿은 내용은 무엇이며, 왜 그런지 나누어보자.

2) '사랑은 대상이 문제가 아니라 능력이 문제다'는 말을 어떻게 생각하는지 나누어보자.

3) 사랑의 능력을 키우려면 사랑을 연습하고 훈련해야 한다. 어떻게 사랑의 능력을 훈련할 수 있을지 생각해보자.

4) 다음 말씀을 통해 우리가 좋아하지 않는 사람을 어떻게 사랑할 수 있는지 적어보자.

🌐 마태복음 5:44

5) 주님께서 우리에게 무엇을 위해 사느냐고 물으시면 "하나님의 사랑을 실천하기 위해 삽니다."라고 답할 수 있어야 한다. 다음 성경구절을 묵상하고 새로운 결심을 해보자.

🌐 요한일서 4:10

∴ 마치며…

1. 5과를 공부하면서 배우고 깨달은 점과 느낀 점은 무엇인가?

2. 5과를 통해 새롭게 결심한 것이 있으면 무엇인가?

금주의 과제

1. 성경읽기: 시편 101-125편

2. 성경암송: D9(잠 3:9-10), D10(고후 9:6-7)

3. 독서보고: 심수명, 『위대한 부모 위대한 자녀』, 2부 읽고 독후감 쓰기

4. 큐티(Q.T.) 실시 및 적용 나누기

6과   교제의 삶

| 목 표 |

그리스도인의 교제가 얼마나 귀하고 소중한 것인지 알고 실제로 기쁘고 아름다운 교제의 삶을 살도록 한다.

| 주제 말씀 |

즐거워하는 자들로 함께 즐거워하고 우는 자들로 함께 울라(롬 12:15)

1. 그리스도인의 교제

하나님은 우리 성도들이 함께 교제하기를 원하신다. 시편 133편 1절에서 "보라 형제가 연합하여 동거함이 어찌 그리 선하고 아름다운고"라고 말씀하시면서 성도간의 연합과 교제를 장려하고 있다. 외로우면 외로울수록, 죄는 사람에게 더욱더 파괴력을 발휘한다. 그래서 고독은 해로운 것이다.

"즐거워하는 자들로 함께 즐거워하고 우는 자들로 함께 울라(롬 12:15)"는 말씀은 형제에게 어떤 위기가 왔거나 고통과 상처가 있을 때 함께 하는 것이다. 그가 당하는 슬픔, 어려움, 고통은 모두 다 나의 것이다. 뿐만 아니라 내 친구가 잘 될 때도 나는 그와 하나며 친구의 기쁨, 성공, 승리는 모두 나의 것이다.

참 교제는 예수의 흔적을 가슴에 지니고 형제를 향한 사랑의 부담을 지는 것이다. 그것은 상처와 고통을 안고 가는 것이요, 내 고통을 치료하면서 형제의 아픔을 치료해 주는 상처 입은 치유자의 길을 걸어가는 것이다.

그런데 그리스도인의 교제는 일반적인 교제와 다른 독특한 점과 함께 특별한 그 무엇이 있다. 그리스도인은 누구나 예수님 안에서 영원 전에 택함을 받았고, 영원히 하나가 되었다. 즉 그리스도인의 교제는 예수님을 사이에 두고 맺어진 관계며, 예수 그리스도와 그분이 하신 일 때문에 너무도 특별한 관계가 된다.

예수님이 나를 버리시거나 포기하실 수 없는 것처럼 나도 그리스도 안에 있는 그 형제를 버리는 것이 불가능하다. 그가 비록 내게 죄를 짓거나, 나를 괴롭히거나, 나의 마음을 아프게 할지라도 그가 영원토록 내게 속해 있으며 나도 영원토록 그에게 속해 있다. 그래서 그리스도인은 어떤 영혼이라도 절대로 포기하지 않겠다는 각오를 가져야 한다.
누군가를 고립시키는 것, 연합을 깨뜨리는 분열은 그리스도를 거절하는 것과 같다. 하나님은 "하늘에 있는 것이나 땅에 있는 것이 다 그리스도 안에서 통일되게 하려 하시는(엡 1:10)" 목적을 가지고 계신다. 우리가 다른 그리스도인과 교제의 관계에 들어가기 훨씬 이전에, 이미 하나님께서 우리를 예수 그리스도 안에서 그들과 한 몸이 되도록 묶어 주셨다.

1) 위 글을 요약해보고 깨달은 것은 무엇인가?

2) 우리가 그리스도인으로서 교제를 하려면 어떤 각오가 필요한지 정리해보자.

3) 인간관계에서 평생 세 사람 이상의 친구를 두었다면 성공한 사람이라고 한다. 당신은 이러한 친구가 있는가? 만약 없다면 어떤 노력을 해야 하겠는가?

· 삶의 위기를 만났을 때 언제든지 달려올 수 있는 친구
· 요청하면 묻지 아니하고 돈을 내어줄 수 있는 친구
· 어떤 이야기를 해도 다 들어 주고 나를 믿어주고 영원히 비밀을 지켜주는 친구

2. 서로 죄를 고백하는 관계

그리스도인의 교제가 다른 교제와 구별되는 또 다른 특징은 피차 죄를 고백하는 것이다. 죄는 드러나기를 원치 않지만 그리스도인 형제 앞에 죄를 고백할 때 죄는 무너지고 만다. 죄를 고백하는 순간 죄의 영향력은 약화된다. 또한 동료의 죄를 들어주고 나의 죄를 고백하는 순간 하나님께서 그 죄를 가져가신다.

성도가 죄를 고백할 때 모임에 속한 모든 사람들에게 죄를 고백할 필요는 없다. 나의 고백을 듣고 용서해 주는 한 형제를 통해서 성도의 모임 전체가 이미 나를 만나 주는 것이다. 한 그리스도인이 죄를 고백하고 죄의 고백을 들어주는 형제의 교제 속에 있다면 그는 결코 홀로 있는 것이 아니다. 그러나 죄를 고백할 때 피상적으로 고백하기보다 자신의 죄를 구체적으로 고백할 때 더욱더 깊은 회개와 돌이킴이 일어날 수 있다.

그리스도인의 상호관계는 저절로 만들어지는 것이 아니다. 사람과 사람의 관계는 제품처럼 완성되어 관계하는 것이 아니라 '지금도 지어져 가는 것'이다. 예수님은 마태복음 16장 18절에서 "내가 나의 교회를 세우리니 죽음의 세력이 맞서 이기지 못할 것"이라고 말씀하셨다. 따라서 교회공동체 안에 있을 때 서로의 도움과 봉사와 사랑 안에 있을 때 우리는 세상을 이길 수 있다.

1) 위 글을 요약하고 얻은 깨달음은 무엇인가?

2) 죄를 고백하는 것이 왜 필요한가?

3) 당신의 죄를 교회 안의 형제(자매)에게 부끄럼 없이 고백할 수 있는가? 만약 그렇지
   않다면 앞으로 그런 관계를 만들 마음이 있는가? 생각나는 사람이 있으면 적어보자.

3. 교제의 방법

그리스도인 공동체에서는 여러 다양한 방법으로 교제를 이어나갈 수 있다. 성경 공부, 대화, 상담, 소그룹 교제 등, 나눔의 장은 다양하다. 그렇다면 사람과 사람 사이에서 인격적으로 사귀기 위해서는 무엇이 필요할까?

무엇보다 상대를 인격적으로 수용하려는 자세가 필요하다. 그리고 내 생각과 의견을 주장하고 싶을 때는 겸손하게 요구하는 자세가 필요하다. 어떤 경우라도 수용이 없는 만남은 고통과 좌절, 분노와 상처를 준다.

구스타브 말러(Gustav Mahler)는 뛰어난 연주가이자 작곡가였다. 그러나 그는 대인관계 능력이 부족했다. 말러의 전기를 썼던 브루노 월터(Bruno Walter)의 글에는, 어떤 젊은 작곡가가 새로 작곡한 오페라에 말러의 추천을 받고 싶어서 작업실을 찾아 왔던 이야기가 나온다. 월터의 묘사에 의하면 그 오페라는 졸작이었다. 문제는 말러의 대처 방법이 너무 미숙하여 그 젊은이를 낙담시키고 굴욕을 주었다는 것이다.

"오페라의 마지막 장면이 거의 끝나 가고 있었습니다. 두 사람 다 셔츠 바람으로 앉아 있었는데, 그 작곡가는 정신없이 땀을 흘리고 있었고 말러는 지독한 권태감과 혐오감에 빠져 있었습니다. 연주가 다 끝났지만 말러는 입도 뻥긋하지 않았습니다. 말러의 침묵으로 깊은 상처를 받았는지 작곡가는 몇 분 동안의 침묵이 흐른 뒤, '안녕히 계십시오.'하는 말을 하고 사라졌습니다. 웬만큼 지각 있는 사람이라면 꿈 많은 작곡가에게 무슨 말을 어떻게 해야 할지 알았을 것이고, 그의 감정을 다치지 않게 말할 수 있었을 것입니다. 말러는 명곡을 지을 수 있었는지는 몰라도 인격적인 만남이나 대화와는 거리가 먼 사람이었습니다. 그의 인정과 격려를 받고자 간절한 마음으로 찾아온 이 젊은이에게 결국 남은 것이라고는 분노와 허탈과 굴욕뿐이었습니다."

사람들은 보통 공식석상에서는 조심하는 편이라 상처를 덜 주지만 사석에서나 가벼운 만남에서는 생각 없이 말을 해서 형제의 마음에 상처를 주는 경우가 많다. 자신은 가벼운 마음으로 했을지 몰라도 상대는 깊은 상처와 좌절, 그리고 고통을 느낄 수 있다. 그 때 "주님, 저의 연약함을 용서하옵소서."하고 고개를 숙여야 한다.

1) 위 글을 보며 어떤 생각이 드는지 나누어보자.

2) 구스타브 말러의 인간관계 태도를 보며 당신이 배운 것은 무엇인가?

4. 바울의 모범 사례

바울은 특별한 이유를 가지고 빌레몬서를 썼다. 빌레몬은 원래 골로새에 살고 있었는데, 바울이 에베소에서 사역할 때(행 19:10) 그리스도인이 된 것 같고, 후에 바울이 아끼는 동역자가 되었으며(몬 1:1), 그 지역에서 가정 교회를 시작하였다(몬 1:2). 당시의 사회 풍습으로 빌레몬은 노예를 소유하고 있었는데, 그 중 오네시모라는 노예가 도망을 갔다. 오네시모는 바울이 연금되어 있던 로마에서 그가 전하는 복음을 듣고 그리스도인이 되었다(몬 1:10).

바울은 오네시모를 자기 곁에 두고 싶었으나 오네시모의 주인인 빌레몬과 상의하지 않고 그런 행동을 취하고 싶지 않았다. 그래서 일단 오네시모를 빌레몬에게 돌려보내기로 결정하고, 빌레몬에게 보내는 편지를 오네시모의 손에 들려주었다. 오네시모는 이때 두기고와 함께 여행했으며(골 4:7-9), 둘이서 골로새서와 빌레몬서를 가지고 갔을 가능성이 크다. 바울이 빌레몬에게 보여준 교제를 통해 그리스도인의 교제가 어떠해야 하는지 구체적으로 배워보자.

첫째, 바울의 관심

바울은 빌레몬에게 따뜻한 관심을 표현하고 있다. 그리스도인의 교제는 따뜻한 관심에서 시작되는데 진정한 관심은 기도를 통해 나타난다. 상대를 위해 기도할 때 사랑은 더 깊어진다. 바울은 이전부터 빌레몬을 위해 기도해 왔으며 기도 내용은 감사로 가득하다.

둘째, 바울의 격려

바울은 빌레몬이 신앙적으로 열심히 사는 모습과 훌륭한 점들을 인정해 주고 격려하였다. 시기심을 가지면 관계가 아름답게 발전하기가 어렵다. 그리고 격려와 인정이 아첨이나 공치사의 형태로 표현되면 진정한 교제가 깨질 수 있다. 그러나 바울처럼 훌륭한 점들을 인정해주고 타인에게 어떤 유익을 끼쳤는지 말해 줄 때 교제는 더 깊어진다.

셋째, 바울의 배려

바울은 자기보다 나이도 적고(몬 1:9), 영적 후배(몬 1:18)였던 빌레몬에게 '간구'함으로 그를 배려하였다(몬 1:9-10). 명령보다는 권면을, 강요보다는 설득을, 지시보다는 호소를 하며 배려하는 마음으로 관계할 때 교제가 깊어진다. 바울은 자신의 권리 주장보다 상대의 입장과 처지를 이해하고 배려하는 모범을 보여주었다. 바울은 어떤 지시를 하거나 의견을 내세울 때 상대방이 어떤 느낌과 기분으로 받아들일지 생각하면서 접근한다. 소신이나 확신이 있다 하더라도 상대방을 염두에 두지 않으면 진정한 교제를 내팽개치는 것과 같다.

넷째, 바울의 겸손한 태도와 명확한 의사 전달

바울은 오네시모에 대한 조치를 처리할 때 바로 얘기하지 않고 빌레몬에 대한 관심, 찬사, 배려의 단계를 거친 후에 겸손히 자신의 요청을 제안하였다. 바울은 용건을 전달할 때에는 사건의 내역, 자신의 기대, 하나님의 섭리, 향후 조치 등을 명쾌하게 설명함으로써 오해의 여지를 남기지 않았다. 관계에서 불확실한 내용 전달, 오해의 소지를 남기는 발언, 구체성 결여, 자신의 밑마음을 숨긴 이중 메시지 등은 관계에 어려움을 줄 수 있다. 따라서 겸손한 태도와 함께 정확한 의사 전달은 진정한 교제가 자라날 수 있는 토양이 된다.

다섯째, 바울의 신뢰

신뢰가 없이는 진정한 교제는 이루어지기 어렵다. 상대를 믿어 주고 소속감과 유대 의식을 공유하면 관계는 깊어진다. 바울의 신뢰를 받는 빌레몬의 심정이 얼마나 뿌듯했겠는가? 자신을 인정해 주고 믿어 주는 바울 때문에 신뢰는 깊어졌을 것이다. 근거 없는 의구심, 상대방을 신뢰하지 못하는 태도는 깊은 교제를 갖지 못하도록 한다. 인간은 신뢰 관계가 선행되어야만 그 이후의 관계가 진전될 수 있다. 신뢰 관계를 맺기 위해 당신이 먼저 형제에게 손을 내미는 용기를 가져보자.

1) 위 글을 요약하고 얻은 깨달음은 무엇인가?

2) 빌레몬에 대한 바울의 태도 다섯 가지를 보며 당신의 삶에 적용하기 위해 어떻게 훈련하겠는지 구체적으로 적어보자.

3) 빌레몬이 가진 영적 성숙의 모습은 어떠한지 살펴보자.

🌐 빌레몬서 1:5-7

4) 빌레몬서에 나타난 바울의 모범을 정리해보자. 교회에서 당신을 지도하는 권위들은 바울의 원리에 따라 모범을 보이고 있는지? 혹 이런 점에서 마음에 아픔은 없는지 자신에게 적용해보자.

🌐 빌레몬서 1:8-9

:: 마치며…

1. 당신은 교회에서 지도자들과 또한 동료들과의 사이가 어떠한가? 혹 좋으면 어떤 점이 그런지, 혹 나쁘면 어떤 점이 그런지 솔직하게 고백해보자.

2. 사역 중심(일 중심)과 관계 중심(사람 중심) 중에 당신은 어느 쪽에 더 비중을 두고 있는가? 일반적으로 후자보다는 전자에 초점을 맞추게 되는데 이유는 무엇이며, 그러한 경향에 따르는 폐해는 무엇이라고 생각하는가?

금주의 과제

1. 성경읽기: 시편 126-150편

2. 성경암송: D11(행 1·8), D12(마 28:19-20), D1-12 총 복습

3. 독서보고: 심수명, 『위대한 부모 위대한 자녀』, 3부 읽고 독후감 쓰기

4. 큐티(Q.T.) 실시 및 적용 나누기

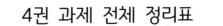

4권 과제 전체 정리표

	예습	성경읽기	독서보고	성경암송	Q.T.
1과	o , x	시편 1-25편	『성경의 가족 이야기』 1-4장	D1(마 6:33) D2(눅 9:23)	( )회
2과	o , x	시편 26-50편	『성경의 가족 이야기』 5-8장	D3(요일 2:15-16) D4(롬 12:2)	( )회
3과	o , x	시편 51-75편	『성경의 가족 이야기』 9-11장	D5(고전 15:58) D6(히 12:3)	( )회
4과	o , x	시편 76-100편	『위대한 부모 위대한 자녀』 1부	D7(막 10:45) D8(고후 4:5)	( )회
5과	o , x	시편 101-125편	『위대한 부모 위대한 자녀』 2부	D9(잠 3:9-10) D10(고후 9:6-7)	( )회
6과	o , x	시편 126-150편	『위대한 부모 위대한 자녀』 3부	D11(행 1:8) D12(마 28:19-20) D1-12 총 복습	( )회

* 과제를 다 하지 못한 경우 훈련금(벌금)을 책정하여 훈련금을 목적에 따라 사용할 수도 있다.

추천 도서

헨리 나웬, 『영적 발돋움』

심수명, 『인생을 축제처럼』

심수명, 『사랑하면 행복해집니다』

심수명, 『감사하면 행복해집니다』

심수명, 『위대한 부모 위대한 자녀』

심수명, 『성경의 가족이야기』

제랄드 싯처, 『하나님의 침묵』

폴 투르니에, 『죄책감과 은혜』

프란시스 쉐퍼, 『거기 계시는 하나님』

래리 크랩, 『고통 속에서 하나님을 발견하다』

오스왈드 챔버스, 『오스왈드 챔버스의 기도』

토마스 아 캠피스, 『그리스도를 본받아』

랄프 카이퍼, 『성경대로 생각하라』

달라스 밀라드, 『하나님의 임재』

빅터 프랭클, 『죽음의 수용소에서』

심수명 목사 도서 소개

:: **새신자용 교재**

새로운 시작(도서출판 다세움)

:: **제자훈련 시리즈 4권(상담목회를 적용한 제자훈련 시리즈)**

1권. 제자로의 발돋음(도서출판 다세움)

2권. 믿음의 기초(도서출판 다세움)

3권. 그리스도와의 동행(도서출판 다세움)

4권. 인격적인 제자로의 성장(도서출판 다세움)

전인성숙을 위한 제자훈련 시리즈 인도자 지침서(도서출판 다세움)

:: **인격신앙훈련 시리즈 4권(성숙한 그리스도인을 만드는 성경공부 시리즈)**

1권. 예수님을 본받는 그리스도인(도서출판 다세움)

2권. 하나님은 누구신가(도서출판 다세움)

3권. 그리스도와 동행하는 생활(도서출판 다세움)

4권. 실천적인 신앙생활(도서출판 다세움)

:: **목회·설교**

인격목회(도서출판 다세움)

상담목회(도서출판 다세움)

비전과 리더십(도서출판 다세움)

상담적 설교의 이론과 실제(도서출판 다세움)

감사하면 행복해집니다(도서출판 다세움)

사랑하면 행복해집니다(도서출판 다세움)

성경의 가족이야기(도서출판 다세움)

▪▪ 소그룹 훈련 시리즈(상담목회를 적용한 소그룹 훈련시리즈)

의사소통훈련(도서출판 다세움)

인간관계훈련(도서출판 다세움)

거절감치료(도서출판 다세움)

분노치료(도서출판 다세움)

비전의 사람들(도서출판 다세움)

리더십과 팔로워십(도서출판 다세움)

▪▪ 결혼·가정 사역

한국적 이마고 부부치료(도서출판 다세움)

부부심리 이해(도서출판 다세움)

행복 결혼학교(도서출판 다세움)

아버지 학교(도서출판 다세움)

어머니 학교(도서출판 다세움)

위대한 부모 위대한 자녀(도서출판 다세움)

▪▪ 교육·상담훈련

인생을 축제처럼(도서출판 다세움)

인격치료(학지사)

그래도 삶은 소중합니다(도서출판 다세움)

감수성훈련 워크북(도서출판 다세움)

정신역동상담(도서출판 다세움)

집단상담 이론과 실제(도서출판 다세움)

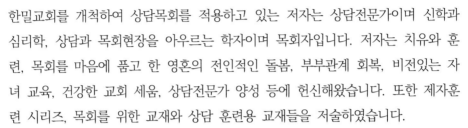

저자 소개

한밀교회를 개척하여 상담목회를 적용하고 있는 저자는 상담전문가이며 신학과 심리학, 상담과 목회현장을 아우르는 학자이며 목회자입니다. 저자는 치유와 훈련, 목회를 마음에 품고 한 영혼의 전인적인 돌봄, 부부관계 회복, 비전있는 자녀 교육, 건강한 교회 세움, 상담전문가 양성 등에 헌신해왔습니다. 또한 제자훈련 시리즈, 목회를 위한 교재와 상담 훈련용 교재들을 저술하였습니다.

"기독교상담적 관점에서 본 정신역동상담"이 문화체육관광부 우수학술도서로 선정되고 [목회와 신학]에서 한국교회 명강사(상담분야)로 선정되는 등 한국교회와 사회에 영향을 끼쳐왔습니다.

학력은 안양대와 총신대(신학), 고려대(석사, 상담심리), 미국 풀러신대(목회상담학 박사), 국제신대에서 상담학박사를 취득하고 상담자격은 (사)한국인격심리치료협회 감독, 한국목회상담협회 감독, 한국복음주의 기독교상담학회 감독상담사, 한국기독교상담 및 심리치료학회 감독, 한국가족상담협회 감독으로 활동 중입니다.

사회 활동은 여성부 정책자문위원으로 활동했으며, 한국기독교 총연합회 가정사역위원회 위촉으로 한기총다세움상담대학원 이사장과 학장을 역임하였으며 교수 경력은 국제신대 상담학교수로 사역했으며, 안양대, 한세대, 서울기독대 등 여러 대학에서 외래교수로, 미국풀러신학대학원에서 논문지도교수로 활동했습니다.

현재 칼빈대 상담학 교수, (사)한국인격심리치료협회 협회장, 다세움상담아카데미 이사장, 다세움상담심리연구소 대표로 일하고 있습니다.

이메일

soomyung2@naver.com /soomyung3@daum.net

인격신앙훈련 4권

실천적인 생활

발　행 | 2019년 11월 20일

저　자 | 심수명

발행인 | 유근준

발행처 | 다세움

주　소 | 서울시 강서구 수명로2길 88

전　화 | 02-2601-7423

팩　스 | 0505-182-5665

홈페이지 | www.daseum.org

총　판 | 비전북

주　소 | 경기도 고양시 일산구 장항동 568-17

팩　스 | 031-905-3927

정　가 | 7,000원

ISBN | 978-89-92750-50-9